# FREAKY PHENOMENA

# 怪诞现象

[英] 乔尔·利维——著　　沐夏樾——译

世界上1001种不可思议的奇特现象

1001 WEIRD AND WACKY FACTS ABOUT OUR WORLD

SPM
南方出版传媒
广东经济出版社
·广州·

## 图书在版编目（CIP）数据

怪诞现象 / (英) 乔尔 · 利维著 ; 沐夏樾译. — 广州 : 广东经济出版社, 2021.6
ISBN 978-7-5454-7733-7

Ⅰ. ①怪… Ⅱ. ①乔… ②沐… Ⅲ. ①科学知识—普及读物 Ⅳ. ①Z228

中国版本图书馆CIP数据核字(2021)第058973号

出品机构：三得文化
策　　划：周　炜
选题执行：郑小粽
责任编辑：周　炜
责任技编：陆俊帆
封面设计：仙境设计
项目合作：锐拓传媒 copyright@rightol.com

**著作权合同登记号：图字19-2021-053**

Conceived and produced by Elwin Street Productions Limited
Copyright Elwin Street Productions Limited 2008
10 Elwin Street, London, E2 7BU, UK
www.modern-books.com

**怪诞现象**
**GUAIDAN XIANXIANG**

| | |
|---|---|
| 出 版 人 | 李　鹏 |
| 出 版 发 行 | 广东经济出版社（广州市环市东路水荫路11号11～12楼） |
| 经　　销 | 全国新华书店 |
| 印　　刷 | 三河市华东印刷有限公司<br>（三河市燕郊冶金路口南马起乏村西） |
| 开　　本 | 880毫米×1230毫米　1/32 |
| 印　　张 | 8.5 |
| 字　　数 | 165千字 |
| 版　　次 | 2021年6月第1版 |
| 印　　次 | 2021年6月第1次 |
| 书　　号 | ISBN 978-7-5454-7733-7 |
| 定　　价 | 48.00元 |

图书营销中心地址：北京市东城区夕照寺街14号富瑞苑大厦201
电话：（010）67138865　邮政编码：100061

# 目录

## 第一章　未解之谜

## 第二章　宇宙之外

## 第三章　自然现象

## 第四章　奇特的动物和奇怪的植物

## 第五章　奇特的人类



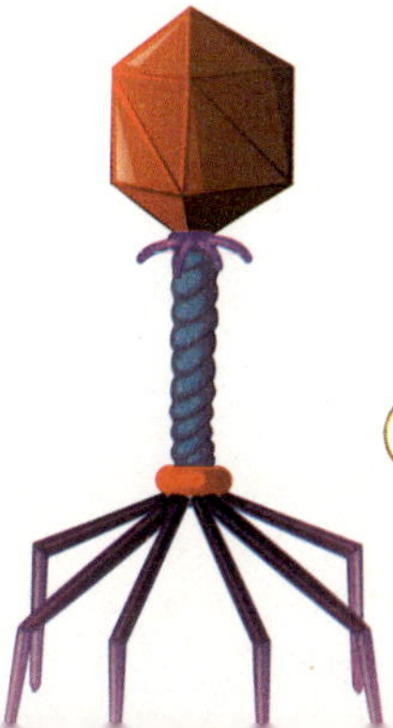

## 第六章　奇特的文化

## 第七章　未来世界



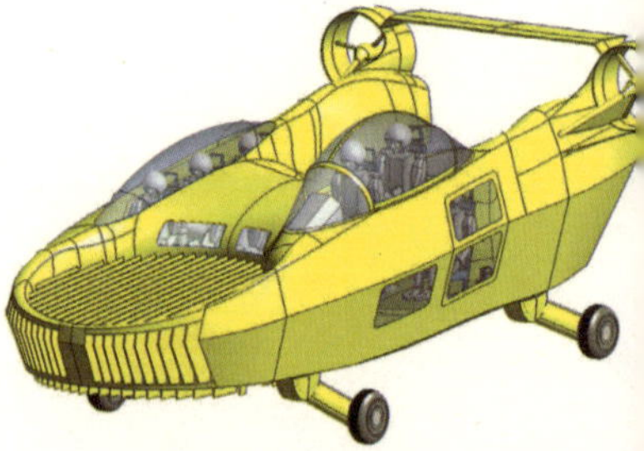

# 第一章

# 未解之谜

## 1. 神秘的隐生生物

人类总是容易对一些无法理解或无法解释的现象产生疑惑、敬畏和恐惧——超常现象（外部或超出自然界之外的现象，如神、鬼和魔法）和超自然现象（如果我们能证实并理解，那便是自然界中的一种现象，如超自然力量）。在生活中，无法解释的情况和异常事件，比人们想象中要多得多。

在世界还未被认知，地球居民未分类之前，世界上有更多的空间来容纳那些离奇或不可能存在的生物。然而，对未曾见过独角兽和背部喷水的巨大海怪的人类来说，独角兽显然比海怪更不可信。

然而，即使是现在，这些神秘的生物仍游走在常规科学的边缘。“传说动物学”一词，源于希腊语中的“the study of strange animals”。该学说对世界上所有神秘生物都进行了调查和分析，甚至连尼斯湖水怪和大脚怪都在其中。

下面列举了该研究中“世界上最有可能存在的神秘动物”中排行前五名的情况。

**大脚怪：**它有很多名字，如“雪人”“大脚怪”和“印尼神秘小脚怪”。这种生物被认为是一种猿人——在灭绝中幸存的人类近亲，生活在荒野地区。

**外星大猫：**它们不是外星来的小猫咪，而是一种常见的大猫。只是它们生活在错误的地方，如英国乡村。人们有时候还把大型猫科动物——黑豹，当成是外星大猫来对待，农民们也经常把丢失的羊归咎于黑豹。

**海蛇：**历史上总有关于巨型海怪的报道，包括1964年在福斯特拉利亚的大堡礁发现的怪物蝌蚪。我们对深海知之甚少，而深海之下，我们总能发现新物种的存在。

**湖怪：**据报道，世界各地的湖泊都有湖怪出没，其中最著名的是尼斯湖水怪。不过，尼斯湖水怪的存在至今未有确凿的证据。而且许多科学家认为，如果湖泊的面积太小，就无法供养这种巨型生物。

**吸食家禽血液的怪兽：**这个词在西班牙语中是“夜鹰”的意思，指的是一种遍布拉丁美洲的怪物。据说它是一种长相怪异的动物，是狼和袋鼠的混血体，背上有刺，能吸干山羊和其他家畜的血。

1967年10月20日，据说罗杰·帕特森（Roger Patterson）和罗伯特·吉姆林（Roger Patterson）在加利福尼亚的布拉夫克里克用摄影机捕捉到大脚怪的影像。但是，对于大脚怪是否存在，人类仍存在分歧。

千百年来，水怪是人类一直都
在研究和探索的神秘生物。

除此之外，该项研究还列举了五种最奇怪的神秘生物。只不过听起来，这些杂交生物似乎不可能存在，不是吗？

**河童：**日本怪兽，据说是猴子和海龟的杂交体，长着青蛙腿。河童头顶上有一池液体，而且据说它非常喜欢吃黄瓜。

**阿米马特：**古埃及怪兽，身为河马，有鬃毛，长脖子，头为带有鬃毛的雌狮。

**卡托布莱帕斯：**菲律宾怪兽，身如水牛，腿似河马，长脖子，头如疣猪。它散发着恶臭，目光足以杀人。

**蝎狮：**长着狮身、狮头、蝙蝠翅膀、蝎子尾巴和人脸的怪兽。它用友好的微笑来诱捕猎物，尾巴上有毒刺。

**博纳肯：**形似水牛却长着像公羊角的中亚细亚生物。因其尾部能喷射毒气而闻名，这些毒气可以摧毁整个地区。

## 2. 吸血鬼

多亏了布莱姆·斯托克（Bram Stoker）和他无数小说的电影改编版，吸血鬼可能是世界上最著名的超自然生物。然而，它的文

弗拉德·德古拉是15世纪瓦拉契亚的王子。传说他在统治期间对人民施加极其残酷的刑罚，还患有见血就疯的怪病。德古拉也是布拉姆·斯托克的著作《德古拉》的灵感来源，在小说中，他是大名鼎鼎的吸血鬼。

学渊源要早于斯托克将近一个世纪，可以追溯到1816年拜伦伯爵的一个哥特式故事。

而关于吸血鬼的民间传说，从古至今一直存在，而且遍布世界各地。在葡萄牙，吸血鬼又被称为“女巫”，在印度则叫“维尔塔”，在北美当地被称为“anchanchu”，在南美叫“阿兹曼”，在特立尼达岛叫“sukuyan”，在马来西亚叫“彭侯”。

在无数的民间传说中，如果发生以下情况，就可以创造出新的吸血鬼：

一个受害者被另一个吸血鬼咬伤；

自杀；

一只黑猫跃过受害者敞开的棺材；

在死者的守灵仪式上发现镜子。

## ✷ 传说中抵御吸血鬼的方法

直到20世纪初，在欧洲的部分地区，人们仍生活在对吸血鬼深深的恐惧之中，他们认为吸血鬼是真实存在并具有威胁性的。民间传说的存在，详细地印证了人们是如何保护同类、家园以及新死者尸体免受吸血鬼的破坏的。

| 物品 | 使用方法 |
|---|---|
| 大蒜串 | 挂在家里或身上 |
| 野玫瑰，附子草（一种草药），狗尾巴草，铁杉和苦艾 | 挂在家里或身上 |
| 十字架，圣水和其他宗教标志物 | 随身佩戴或钉在门上或墙上 |
| 画大的眼睛 | 画在恶狗的前额上 |
| 火化吸血鬼的骨灰 | 喂给家庭成员中的潜在受害者 |

## ✷ 幽灵鬼宅

据说，世界上闹鬼最凶的鬼屋是英国埃塞克斯郡的波丽莱多里。据报道，在1939年它被烧毁之前，那里曾发生过200多起目击事件，其中包括一匹幽灵马和几辆马车以及一个幽灵修女。现在人们认为，许多目击事件和报道（也许是所有）要么是伪造的，要么从未发生过。

欧洲有一幢有名的“幽灵古堡”，它的主人便是当时艳倾一时的李·克斯特伯爵夫人。传说她用无辜少女的鲜血来维持自己的青春美貌，在她死后，她所居住的房子成了当地著名的“闹鬼之地”。

## 3. 狼人

变形动物是世界上大多数文化和历史中民间传说的一大特色。在北方地区，狼经常成为这样的民间传说对象。如今心理学家描述了一种叫作“狼化妄想症”的妄想状态，患者相信自己可以转化成狼。

世界各地的民间传说中对狼人身体特征的描述是相当一致的。以下是达成一致的识别特征：

一字眉；

食指和中指一样长；

毛茸茸的手掌；

红发和蓝眼（源自希腊民间传说）；

月圆时变成可怕的狼人。

## 4.僵尸的“起死回生”

僵尸，即人死后通过特殊途径“起死回生”，为巫师提供服务的活死人。这个词最初来自于加勒比地区的伏都教，也可能是来自于西非的刚果土著语“nzambi”，意为神灵，或“zumbi”，意为鬼魂。

传说弱者和病人最易转化为僵尸，尤其是那些患有精神疾病的人。僵尸是通过给人吃下大剂量的致命毒药而形成的，这种毒药是由河豚鱼的毒——河豚毒素制成的药剂。一旦受害者进入濒死状态，他们就会被喂下强力的迷幻剂，暗示和洗脑技术让受害者相信自己已经死了，并且必须为他们的主人服务。僵尸会遵从主人指令，定期服用常规剂量的药剂。

关于狼人的传说自古以来广为流传。据说，这种怪物平时从外表看与常人并无不同，但一到月圆之夜就会变身为狼。

## 5. 灵媒和唯灵论

灵媒是声称能够与死者进行灵魂沟通的人。有些灵媒声称能够通灵，让死者借用他们的身体说话或写下信息。“唯灵论”则作为一种宗教运动，从19世纪40年代一直延续到20世纪20年代，现在仍以各种形式存在。信徒们相信，学习唯灵论，能训练他们与死者沟通的能力。

### ✷ 五大最为著名的灵媒

福克斯姐妹：凯特·福克斯（1838—1892）和玛吉·福克斯（1836—1893）发起了唯心主义运动，她们声称能通过敲击声和家庭鬼魂对话。后来她们承认是她们自己敲击指关节发出这些声音。

丹尼尔·邓格拉斯之家（1833—1886）：一位苏格兰灵媒，他能让物体飘浮、悬浮，召唤奇怪的光，手握炙热的煤炭，还能拉长身体。更奇特的是，从未有证据表明他其实是个骗子。

尤萨皮娅·帕拉迪诺（1854—1918）：一位意大利灵媒，她能让沉重的家具悬浮、移动，还能让她的容貌出现在密封的油灰盒子里，但是好几次都被发现她是伪造的。

弗洛伦斯·库克（1856—1904）：1871年，年仅15岁的女孩库克让著名科学家威廉·克鲁克斯爵士相信，她可以让一个名为凯蒂·金的灵魂现身。尽管金看起来和库克很像，但克鲁克斯相信她，随后金从库克进行"物化"的柜橱里出来了。

米娜·玛杰里·克兰登（1888—1941）：一位美国灵媒，她能使"灵手"出现。所谓灵手，据说是一种由精神物质构成的手。她曾裸体表演，但被哈里·胡迪尼证实是个骗子。

## ✷ 显灵板

显灵板是降神会上用的板。上面有字母、数字和简单的单词（如"是"和"不是"）。他们用一个像电脑鼠标一样的指针，由神灵引导，指向拼出问题答案的字母和单词。参加降神会的人必须把手放在指针上。这可能是由他们无意识的肌肉抽搐和运动导致的——这就是所谓的"意念运动效应"。

显灵板（占卜板）常常出现在各种游戏以及影视作品之中。

**实际情况**

“外质”是指由灵魂世界的能量形成的物质，可让灵魂在现实的世界中显现。有些灵媒会产生奇形怪状的外质，但通常会被吞食和反刍，只剩下衣服。

## 6. 失落的文明

人类文明真的是从公元前4世纪的古美索不达米亚和埃及开始的吗？还是说，在这以前，还有一个更为古老、更为原始的超级文明存在，所有后来的文明都起源于此？

失落的文明之中，最为常见的应该是亚特兰蒂斯文明。但你知道还有许多其他失落的大陆和文明吗？

### ✷ 五大失落的文明

**亚特兰蒂斯文明：**亚特兰蒂斯据说是一块曾占据了大西洋大部的著名大陆，但在9000年前的大地震中被摧毁并沉入海底。这个故事来自古希腊哲学家柏拉图（公元前427—前347年）。但现代地质学家都清楚，大西洋下面并没有沉没的大陆。也许柏拉图指的是其他地方传来的一种古代文明——比如从南极洲到爱尔兰，再到克里特岛和西班牙。

**利莫里亚文明：**利莫里亚是一块为解释“狐猴化石”（该化石被发现于巴基斯坦至马来西亚以及马达加斯加）的分布而假设的大陆，最初位于印度洋。后来的作家们声称它位于太平洋。或许，它在亚特兰蒂斯之前就存在，是早期人类的家园。

**北方乐土：**在希腊神话中，这块土地位于极北地区，阳光普照，北方乐土创造了亚特兰蒂斯的超级人类，是他们最初的家园。他们声称北方乐土是北极。

**实际情况**

2001年5月，声呐测绘在玻利维亚北部靠近古巴的地方发现了一个海底高原，那里有明显的金字塔状建筑和其他结构的建筑，比如道路和房屋。研究人员认为，这可能是亚特兰蒂斯。

1979年，由美国和法国科学家组成的考察团，在大西洋的百慕大三角探测到一座无人知晓的海底金字塔。这座海底金字塔耸立在波涛汹涌的海水中，塔底边长300米，塔高200米，塔尖距海面仅100米。

学者们猜测这座海底金字塔就是生活在海底的亚特兰蒂斯人建造的，百慕大三角很可能是亚特兰蒂斯人的活动基地。

## 7. 魔法和巫术

许多历史学家认为，魔法只是以前对科学的称呼，直到我们所知的科学在17世纪被“发明”。今天仍然有许多人相信魔法是真实存在的。资料显示，世界上超过四分之三的人仍然依赖草药，草药常用作魔术的一部分。

魔法的种类

| 魔法的名称 | 意义 |
| --- | --- |
| 卡巴拉 | 犹太人的一种魔法体系，以中世纪的著作为基础，但最近被许多名人用作一种时髦的哲学。卡巴拉来自希伯来语，意思是“传统” |
| 占卜 | 预言未来。占卜可以通过多种方式进行 |
| 巫术 | 出于邪恶的目的，或可能只是为了聊天，而唤醒死者的灵魂 |

续 表

| 魔法的名称 | 意义 |
| --- | --- |
| 炼金术 | 混合各种物质，试图把铅变成金子，找到长生不老药，使人长生不老 |
| 威卡 | 现代异教巫术的一种形式，以善的目的使用符咒和仪式 |

实际情况

传说中，一个人只要看别人一眼就会给别人带来厄运，这种信仰，常被称为“邪恶之眼”。

## ✷ 占卜的类型

| 名称 | 使用物品 |
| --- | --- |
| 占卜术 | 鸟类行为：如燕子低飞意味着初冬 |
| 纸牌卜卦 | 纸牌，如塔罗牌 |
| 滴蜡占卜 | 熔化的蜡滴入水中形成的图案 |

续　表

| 名称 | 使用物品 |
| --- | --- |
| 水晶球（一种水晶球占卜术） | 水晶球或玻璃球（即水晶球） |
| 用动物内脏占卜 | 动物内脏 |
| 痣占卜 | 人身上的痣 |
| 老鼠占卜 | 老鼠的移动 |
| 数字占卜 | 名称或单词中字母的数值 |
| 红酒占卜 | 把葡萄酒倒在地上或倒在盘子里形成的图案 |
| 梦占卜 | 梦 |
| 意念占卜 | “放射物”或“印记”在一个人的头脑中来自一个物体或地方 |
| 火占卜 | 火 |
| 棍卜术 | 魔杖或占卜杖（如某种木棍） |
| 粪便占卜 | 人类的排泄物 |
| 铁占卜 | 放在烧红的熨斗上的吸管的运动 |
| 诗占卜 | 随意翻开一本书，解释读过的第5段 |
| 读茶叶 | 茶叶 |

## ✴ 如何在水晶球中施法

最著名的“水晶球占卜”，就是使用水晶球来占卜，但其他表面反射的媒介，如水、磨光的宝石或镜子应该也可以。

准备一个安静、光线昏暗的房间，然后放松，因为占卜时间应该要持续大约20分钟。放松并凝视你的水晶球，它将成为你注意力的焦点。接着，清除你脑中所有的杂念，然后想象你想要看到的东西——例如未来的某件事——并且注意水晶球中随机出现的图像。随后把这些图像记录下来，或者大声地说出来——无论是什么样的图像，即使它们可能无关紧要。最后回想所有的图像，来解释你想象的含义。

## ✴ 手相

人的手掌上有三条主要的掌纹。

手掌顶部的感情线，代表了身体和情感上的情感问题。如果这条线从食指的正下方开始，那么代表着你对你的爱情生活感到

女巫会观察水晶球的变化，
回答求助者想知道的问题。

满意；从中指下方开始，则代表自私和唯物主义。

智慧线从食指开始，横跨手掌，代表个性和思维方式：线条弯曲、倾斜表示富有创造力；线条较短则表示偏爱物质成就。

生命线从大拇指上方开始，向手腕呈弧形延伸。它代表着活力和生命力、身体健康和大致的寿命（尽管它实际上与一个人的生命长度无关）。如果线条弯曲，表示你能量充沛；线条短且浅，可能意味着你让别人控制了你的生活。

## ✷ 魔法的两条法则

大多数的魔法是根据规则和仪式来展示的。几乎所有的魔法练习都遵循以下两条基本法则：

**关联法则：**与其他事物相关的事物或词语对这些事物具有影响力。例如，你的名字或你的一绺头发对你有影响力，因为它们与你有关。这意味着，如果魔法师抓住你的头发，他就可以通过你的头发对你施魔法。

**通信原理：**自然界中有一种秘密的通信顺序，它将那些通常看起来不可能联系在一起的事物相关联。例如，根据通信原理，这些都是相关联的：太阳；某种植物，如向日葵或藤本植物；某种矿物，如黄金；黄色；某些名字，地点，动物和鸟类。这就意味着，在一个魔法仪式中使用向日葵这类物品，你就可以利用太阳的灵力和魔法力量。

## ✷ 火刑时代

从史前时代起，人们有时会因被怀疑使用巫术害人而遭到迫害或杀害。在欧洲黑暗时代，统治者试图阻止这一切，而且受教育的人们和基督教牧师认为巫术是不存在的。但民众半信半疑，矛盾在冲突时期或困难时期就会突然爆发。其中最严重的时期是火刑时代，16和17世纪在欧洲蔓延的一股猎巫热潮，在此期间有多达几万男女因施巫术而被处死。

## ✷ 女巫是怎么被识破的

17世纪40年代，自称为英格兰东特尼格利亚搜巫者的马修·霍普金斯，追捕、指控并拷问了数百名巫师。以下是用于识破女巫的传统方法：

**神断法：**这是一种古老的审判方法，基于这样的信念：如果你是无辜的，上帝会保护你的。其中一种方法是用火来进行审判，

女巫

被告者必须拿着一根滚烫的铁棒或踩着滚烫的金属走一段距离。

**浸泡法：**与神断法相关，被告要绑住手脚，然后扔到河里或池塘里。据说，因为女巫已经放弃了洗礼，水不会接受她们，那么她们就会浮起来。如果她们是无辜的，就会沉下去。

**严厉的惩罚：**是指被压在放着沉重石头的木板下。当一个人拒绝承认有罪或无罪时，人们就用这个刑罚来惩罚犯错的人。被折磨的人要么认罪，要么死亡。

**严刑拷打：**一般来说，通过严刑拷打获得供词是合法的，严刑拷打包括用拇指夹和热钳子。人们认为，魔鬼会在女巫身上标下自己独有的标记，如痣、胎记、疤痕、文身、多余的乳头、多余的脚趾或手指，都可以是标记。

**实际情况**

中世纪的一个理论，解释了为何被沉塘的女巫会浮起来——据说是因为女巫会故意吃那些让她们放屁的食物。气体会充满她们的内脏，使她们比空气还轻，这样她们就会浮起来。

## ✷ 法术

女巫、男巫、魔术师和普通百姓都用过各种各样的咒语来得到他们想要的东西。有些咒语包含复杂的成分和仪式，还有些只需要说几句话——一种咒语，就能达到目的。

### 历史上的法术

| 法术目的 | 方法 |
| --- | --- |
| 把自己变成一只野兔 | 背诵下面的咒语：“我要变成一只野兔，带着悲痛、焦虑和忧愁；当我再回家的时候，我将以魔鬼的名义出现。” |
| 寻找你的真爱 | 把你的一只袜子泡在玫瑰水里，晾干后放在床底下。连续一个月，每天晚上想你的真爱，然后在日落时点上一支红烛，多想想你的爱人。这样重复七个晚上 |
| 吸引你喜欢的人 | 在满月后的第三天，摘一个半红或者半绿的苹果。在绿色的一侧呼吸，并用一块红色的布擦拭，同时背诵下面的诗句：“红红火火，温暖人心，让头脑清醒。”然后，亲吻那红色的一半，把它给你想要的人。如果他/她吃了苹果，他/她就会被你迷住 |

续 表

| 法术目的 | 方法 |
| --- | --- |
| 召唤一个仙女（据说这个咒语是用来召唤一个叫玛格丽特·巴兰斯的仙女的，但也可以用来召唤任何仙女） | 将一块水晶放在母鸡的血液中浸泡三周，然后用圣水清洗。在一个星期三，将三根刻着仙女名字的榛木魔杖埋在一座小山下（人们认为仙女就住在这个小山上），全程一直念着仙女的名字。接着到星期五，把它们挖出来，面朝东方拿着水晶念诵圣名 |

## 8.超级通灵者

对灵力的科学研究称为“通灵学”。通灵学家利用实验室研究和统计数据来调查人们是否真的能展现出灵力。一些通灵学家声称，他们已经证明心灵感应是真实存在的。

灵力的分类

| 灵力 | 意义 | 别名 |
| --- | --- | --- |
| 心灵感应 | 在不使用正常感官的情况下，两个大脑之间接收信息和进行信息交流的能力 | 读心术，心灵广播，思想传递 |
| 千里眼 | 在不使用正常感官的情况下，感知有关物体、地点和事件的信息的能力 | 视力，第二视力（凯尔特传说） |
| 预知能力 | 感知未来信息的能力 | |

续 表

| 灵力 | 意义 | 别名 |
| --- | --- | --- |
| ESP（感官知觉） | 涵盖上述所有内容的总称 | |
| 心灵遥感 | 用意念施加物理力的能力（例如移动物体，弯曲勺子）。有许多不同类型的心灵遥感，包括心灵运输（在两点之间移动人或物的能力，而不需要穿过中间的空间）和点火 | 意志力 |

## 9.神奇的天赋

有些人似乎拥有一些与生俱来的奇怪力量或能力，这种能力跟“灵力”相比有些区别，但依然足以令人震惊。这些神奇的力量，有时被称为“野性天赋”。

### ✷电磁力人

有证据表明，少数人一生下来就带着“电吸引力”，或者说，他们通过影响电力设备，生成了与电力相关的能力（如发出火花，引起火灾，或能够产生静电）。还有一些人似乎有相关的磁力，因此金属物体可以附着在上面，或者可以附着在地面上。

这种奇特现象在历史上已经出现过很多次，尽管有些怀疑者认为这些影响只是一些把戏和幻觉。

**“磁铁先生”刘少林：**自2001年以来，这位70岁的马来西亚老人已经被好几家报纸报道，在报道中他能通过铁链连接腹部的铁板来拉动汽车。据报道，他还可以让熨斗和刀具粘在胸前。

**“带电女孩”安吉丽克·科廷：**1846年，这个14岁的法国女孩似乎开始产生极强的静电场，这个电场能让家具在房间里飞，站在附近的人会受到电击。

**“乔治亚奇迹”露露·赫斯特：**从1883年到1885年，露露·赫斯特以“乔治亚奇迹”的形象出现在舞台上。她的动作显然是始终紧贴着接触点，所以即使是最强壮的男人也无法将她举起来。

**“吸金达人”腾卡耶夫一家：**20世纪80年代后期，一位名叫列昂尼德·腾卡耶夫（Leonid Tenkaev）的俄罗斯男子，他的妻子、女儿和孙子都声称自己获得了一种神秘的力量，可以让金属物体粘在他们的身体上。列昂尼德可以将52磅（23.6千克）的金属棒粘在自己身上。

**“火花女孩”珍妮·莫兰：**1895年，这个来自密苏里州的14岁女孩开始释放火花，并产生电荷，电荷大到足以击倒任何与她握手的人。她只要抱起她的宠物猫，就能把它杀死。

## ✷ 透视眼

有些人声称自己能够看穿诸如眼罩之类的物体，而另一些人则宣称自己能够看见或至少能够“设想出”人体内部，从而能够诊断疾病。怀疑论者再次将这些能力归结为欺骗、舞台魔术和欺诈。

Kuda Bux：20世纪三四十年代环游世界的印度表演家，他透过眼罩看东西的能力震惊了全世界。尽管他闭上了眼睛，蒙着黑色布条，头上顶着重物，他仍然可以沿着高高的窗台行走，骑自行车穿过车流，看报纸。

娜塔莎·德姆金娜：这名俄罗斯少女声称，自1998年以来，她已经能够透视人体，从而能诊断出各种各样的疾病。据称，她从未出错，尽管对她进行测试的英国科学家并不以为然。

**实际情况**

在20世纪70年代和80年代，冷战最为激烈的时候，美国开发了一个名为“星门行动”（Operation Stargate）的灵魂间谍项目。因为美国领教了苏联训练通灵者的努力之后，他们害怕自己可能会在通灵军备竞赛中落后。灵媒被用于多种行动，包括试图找到失踪的飞机和特定的人。

## ✷ 防火人

火上行走是指人们光着脚在滚烫的煤块或余烬上行走，很明显，几乎任何人都可以这样做。科学家们声称，这可以通过一种叫作“莱顿弗罗斯特效应”的现象来进行解释。所谓“莱顿弗罗斯特效应”，是指脚上的水分加热后会形成一层保护皮肤的水蒸气绝缘层。有些人的耐热能力比任何科学家所能解释的都要高。

## ✷ 4个历史上的案例

**“原始沙罗曼蛇”约瑟芬·吉拉尔代利：**在19世纪早期，她能把胳膊伸进火里，赤脚站在滚烫的铁锹上——这令观众们大吃一惊。她的艺名来自民间传说——传说中的沙罗曼蛇就生活在火中，并且对火焰免疫。

**理查森：**一个17世纪晚期欧洲家喻户晓的英国人，理查森能把滚烫的煤放在舌头上嚼，能吃熔化的玻璃，能手握滚烫的铁，还能用牙齿将铁折弯。

**内森·库克：**据报道，1871年一位名叫内森·库克的马里兰铁匠能够安然无恙地将炙热的铁锹放在脚上，能从嘴里喷出熔化的铅，还能徒手从火中取出一块烧红的铁。

**“人类沙罗曼蛇”玛丽·索内：**在18世纪50年代的巴黎，这个女人能把脚放进熊熊烈火中，直到她的鞋袜都被烧掉，可她的脚却安然无恙。

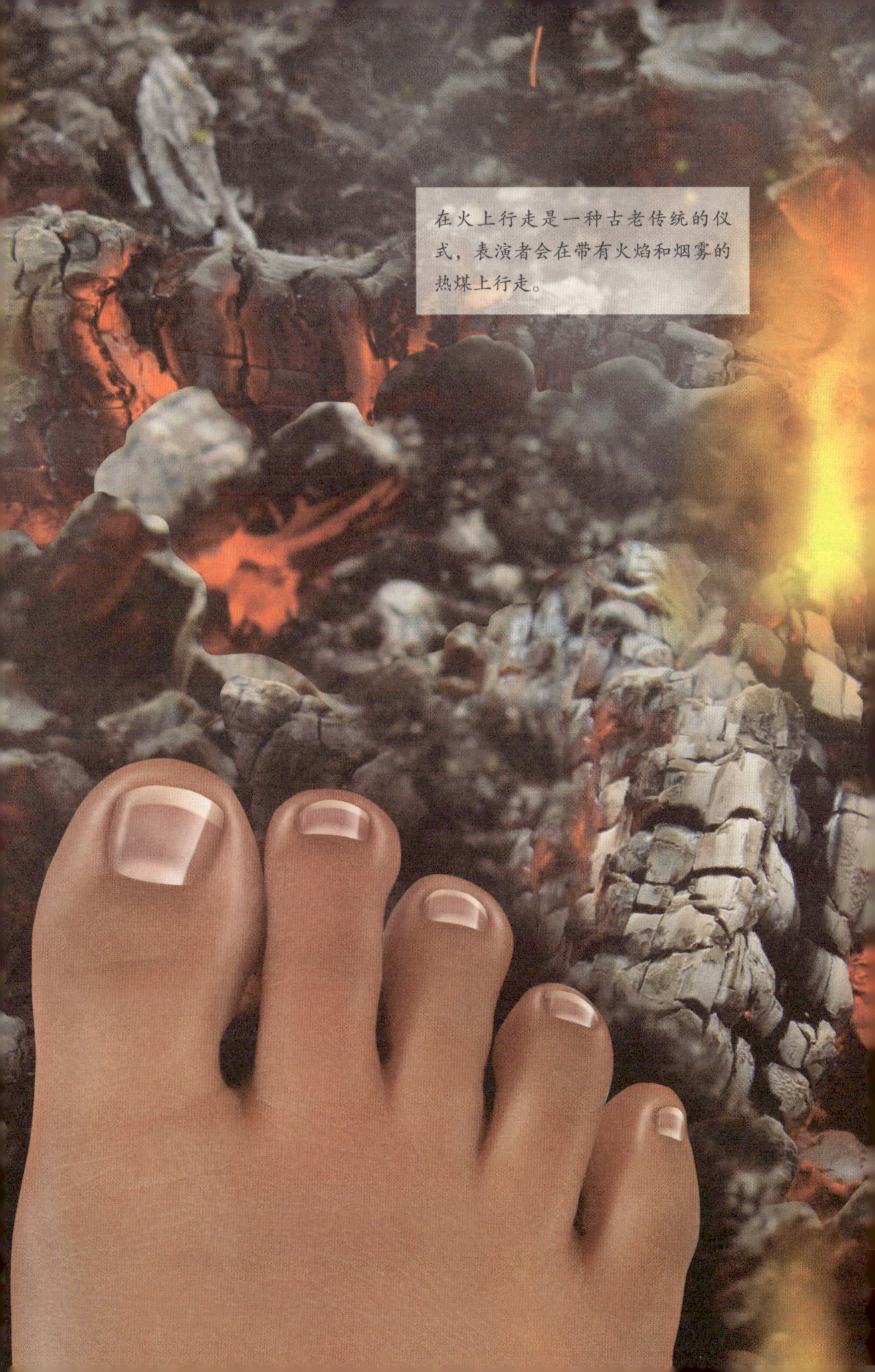

在火上行走是一种古老传统的仪式，表演者会在带有火焰和烟雾的热煤上行走。

## 10.超自然圣徒

很多基督教圣徒身上都发生过奇怪的事情，包括那些如果现在发生会被称为超自然的能力。

以下是五个具有特殊能力的圣徒：

圣方济各：圣方济各有点像超人，他能与动物交流，能漂浮，能发光，还能显现圣痕（类似于耶稣受难时所受的创伤；如钉子在手脚上留下的洞，或荆棘冠冕在头上留下的印记）。

库比蒂诺的圣约瑟夫：约瑟夫可以自由飞翔，在教堂上空盘旋，然后降落在圣坛上。有一次，他飞到一棵橄榄树上，在树枝上停留了半个小时。他被视作飞行员和伞兵等航空旅客的守护神。

圣依西多：尽管圣依西多死于1130年，最初被埋葬时甚至没有棺材，但他的身体并没有腐烂，800年来一直保持着近乎完美的状态，500年后还散发出一股神奇的气味。

帕德雷·皮奥：1968年去世的意大利牧师，最近被封为圣徒。帕德雷·皮奥是一个著名的带有圣痕的人，据说他经历过荆棘之冠的痛苦和鞭打，他还能分身（同时在两个地方出现）。

圣·安杰洛·保利（St. Angiolo Paoli）：17—18世纪的罗马人，他能凭空产生大量食物给穷人。有一次，恰逢一场严重的干旱，他奇迹般地为野餐提供了沙拉、一个馅饼、一篮子草莓和一份甜点。

**实际情况**

在中世纪的欧洲，人们认为空气中有700多万个恶魔，吸入或吞入后会引发疾病或将尸体变成吸血鬼。

# 11. 疯狂的神话和当地传说

纵观历史，世界各地的文化都是与他们的祖先、神魔相关的神话和传说。有些很奇怪，另一些则巧妙地与暴行相关。哈得斯是希腊神话中地狱的名字——死者去的地方。在地狱里，有一个叫作“塔耳塔洛斯”的可怕深渊，深渊里都是被判罪的最坏的罪人或众神最危险的敌人。

地狱惩罚

| 姓名 | 惩罚 |
| --- | --- |
| 科林斯王 | 他需要一直推着巨石上山。每当他爬到山顶，巨石就会从另一边滚下来，他就得重新开始 |
| 伊克西翁 | 永远被锁在一个旋转的火轮上 |
| 法厄同（太阳神之子） | 让一对秃鹫不停地啄食他的肝脏 |

续　表

| 姓名 | 惩罚 |
|---|---|
| 达那得斯（阿尔戈斯国王达那俄斯的第49个女儿） | 一生都要用漏桶从井里打水 |
| 庇里托俄斯（铁修斯的好友） | 永远被困在石头椅子上，被盘绕在脚上的蛇紧紧抓住，或者因为椅子本身已经和他的肉融在一起了 |

## 以其他形式存在的神和其他神

| 神 | 神话 | 描述 |
|---|---|---|
| 哈索尔 | 埃及 | 母爱之神。有时被描绘成有着女性身体，但头似牛或河马 |
| 修洛特尔 | 阿兹特克 | 闪电之神。要么被描述成一个狗头人，要么是一个脚朝后长的畸形怪物 |
| 格涅沙 | 印度 | 一个有着大肚子和四条胳膊的男性身体，大象的头，通体是红色或金色 |
| 赫卡同刻伊瑞斯 | 希腊 | 每个巨人都有100只手和50个头。他们可以扔山一样大的石头 |

续 表

| 神 | 神话 | 描述 |
| --- | --- | --- |
| 智天使 | 欧洲 | 一群天使，每个都有四张脸，分别是狮子、公牛、老鹰和人的脸，人的躯干和手，像小牛一样有蹄的脚，两对翅膀 |
| 彩虹蛇 | 澳大利亚土著 | 巨型彩色蛇，负责水、河流和降雨等 |
| 阿赫·普切 | 玛雅 | 死神，他是一具骨架，戴着骨头做成的珠宝，身上布满了正在腐烂的黑点 |
| 女娲和伏羲 | 中国 | 据说创造了人类，他们拥有人类的头、手臂和躯干，但有蛇的尾巴 |

## ✷ 创世神话

几乎每一种文化都有一个创世神话，来解释地球上的奇迹是如何产生的。

古希腊神话中半人半马的神。传说半人马是伊克西翁的后代。

| 地区 | 理论 |
| --- | --- |
| 阿伊努（日本北部） | 地球原本是一个海洋，栖息在一条巨型鳟鱼的脊骨上，直到造物主上帝派了一只鸟来创造土地，所有的动物从天上来到地上，生活在新世界 |
| 澳大利亚 | 宇宙是在梦中创造出来的，当神和灵魂醒来，游历在虚无缥缈的景色中，创造了地标、特色、植物、动物和人类 |
| 中国 | 宇宙是由一个巨大的蛋演化而来的，这个蛋里有一个叫作盘古的造物主。18 000年后，他孵出了这只蛋，并把它一分为二：一半儿是天，一半儿是地。又过了18 000年，盘古休息了，他身体的一部分变成了宇宙的物体，例如，他的胡子变成了星星和银河 |
| 古希腊 | 根据作家赫西奥德（Hesiod）的说法，古希腊人认为，在大地之神盖亚（Gaia）诞生之前，卡厄斯就已经存在了。盖亚又生了天神乌拉诺斯，他们二人创造了泰坦，克罗诺斯就是其中之一，克罗诺斯阉割了他的父亲，并将天地分开 |

续 表

| 地区 | 理论 |
| --- | --- |
| 伊洛魁族（美洲土著部落） | 当一个女人被驱逐出天界，需要一个地方降落时，地球应运而生。她让动物们为她创造地球，它们在龟壳上撒上泥土，乌龟一直背着泥土到处跑 |
| 曼丁卡族（马里南部） | 当造物主上帝让几对双胞胎在宇宙的子宫里生长时，地球就被创造出来了。双胞胎其中一个取出一块胎盘，把它从天堂里扔了出去，它就变成了地球 |
| 挪威 | 奥丁和他的兄弟们用一个名叫尤弥尔的巨人的身体创造了宇宙，特别是用他的眉毛创造了“中庭”（Midgard），或者称为“地球” |

# 第二章

# 宇宙之外

## 1. 宇宙之外是什么

人类一直为天空所吸引，从早期文明的天文学家（如古代的美索不达米亚人），到现代的不明飞行物观察员。在无边无际的宇宙中，有许多奇怪的事情在发生。看不见的星系，太阳系，关于宇宙的产生和可能毁灭的理论。当我们仰望夜空时，我们看到了什么？我们在宇宙中是孤独的吗？

### ✷ 宇宙的诞生

目前最流行的宇宙诞生的科学模型是大爆炸理论。它指出，时间、物质和能量是在大约130亿年前的一次巨大爆炸中产生的，产生物质只需要$10^{-4}$秒，而第一个原子的形成还需要50万年。

这听起来很不可思议。然而，这并不是关于宇宙如何形成的唯一理论。

## ✷ 宇宙中最奇怪的东西

任何认为科学能解释所有未解之谜的人，只要看看天文学就知道了。尽管我们对宇宙的认识有了巨大的飞跃，但仍有许多事情是天文学家不知道或无法合理解释的。例如，天文学家们知道，宇宙一定有比他们用望远镜所能看到的更多的物质。他们把这种看不见的东西叫作“暗物质”。

实际情况

宇宙大爆炸后的$10^{-30}$秒，宇宙温度高达$10^{32}$℃。

## ✷ 看不见的星系

2005年2月，天文学家宣布他们首次发现了他们认为的宇宙中许多看不见的星系。VIRGOHI21位于室女座的星系群中，被认为主要由暗物质组成。暗物质无法被直接看到，但可以被探测到，因为它会对周围的事物产生影响。

宇宙大爆炸理论认为，宇宙是由一个致密炽热的奇点于137亿年前一次大爆炸后膨胀形成的，是从既无空间也无时间的“虚无”之中，以惊人的速度瞬间诞生的。而且，宇宙总是从诞生到消亡，再诞生，再消亡，周而复始进行着，这就是宇宙的由来。

1758年8月28日晚，一位名叫梅西耶的法国天文学爱好者在巡天搜索彗星的观测中，突然发现一个在恒星间没有位置变化的云雾状斑块。后来，一位名叫赫歇尔的天文学家将这些云雾状的天体命名为星云。

## ✷中子星

恒星完全由中子构成，中子是一种亚原子粒子，是大质量恒星坍缩形成的。尽管中子星直径只有大约12.5英里（20千米），但重量却是太阳的一半。这意味着在地球上，一茶匙中子星的重量将超过10亿吨。

## ✷重力

重力是赋予物体重量的力量。我们太阳系所有的行星都有不同于地球的引力，这与它们自身的质量有关。所以你在其他星球上的重量和你在地球上的重量是不同的。

我有多重

| 星球 | 相关质量（地球=1） | 产生的重量 |
|---|---|---|
| 水星 | 0.06 | 52磅（24千克） |
| 金星 | 0.82 | 126磅（57千克） |

续 表

| 星球 | 相关质量（地球=1） | 产生的重量 |
|---|---|---|
| 地球 | 1 | 140磅（64千克） |
| 月球 | 0.01 | 23磅（10千克） |
| 火星 | 0.11 | 52磅（24千克） |
| 木星 | 317.83 | 330磅（150千克） |
| 土星 | 95.16 | 128磅（58千克） |
| 天王星 | 14.53 | 124磅（56千克） |
| 海王星 | 17.14 | 157磅（51千克） |
| 冥王星 | 0.0021 | 9磅（4千克） |

## ✷引力与黑洞

黑洞是引力对物质的终极胜利。这是一个引力场强大到连光都无法逃脱的空间区域。黑洞是由能源耗尽的大质量恒星形成的，当恒星核心的所有物质都被挤压成一个无限小的点，即所谓的奇点时，就会导致引力坍缩。

## ✷ 贪婪的恒星和黑洞

天文学家发现，恒星和黑洞这样的天体，会“吞噬”其他天体。

## ✷ 星系吞食

| 时间 | 事件 |
| --- | --- |
| 2002年1月 | 在迅速地连续吞噬了三颗行星之后，V838莫诺塞若蒂斯恒星暂时成为银河系中最亮的恒星。额外的物质导致恒星爆炸成一个红巨星 |
| 2004年2月 | 天文学家观测到，当一个恒星与另一个恒星相遇后发生碰撞，然后突然转向潜伏在RX J1242-11星系中心的黑洞，黑洞会将其撕裂并吞噬掉一部分，并释放出巨大的X射线——这是迄今为止观测到的最强烈的能量释放之一 |

实际情况

即使在最晴朗的夜晚，人类肉眼也只能看到大约3000颗星星，尽管仅仅我们的银河系中，就有1000多亿颗星星。

## 2. 太阳系

我们的太阳系有八大行星，尽管发现了一颗比冥王星还大的天体，即通常所说的齐娜（Xena），其轨道距离与冥王星相差无几。这让人们不禁要问：我们应该说有九颗行星，还是只有八颗行星？

### ✷ 相对大小

如果地球是葡萄般大小，那么月球离地球大约1英尺（0.3米）远。太阳大约6英尺（1.8米）宽，木星有一个甜瓜那么大，土星有一个橙子那么大，天王星和海王星有柠檬那么大，冥王星几乎小得看不见。而你，便只有一个原子的大小。

## ✷ 星球定位

如果你想了解何时何地能看到星球的话，水星、金星、火星、木星和土星都是肉眼可以看到的，这就是古代文明中是如何发现它们的。例如，金星是天空中除太阳和月亮之外第三亮的天体，被称为晨星或昏星。在日落或日出的方向也可以看到金星，而且它出现的时间比水星要长得多。

**实际情况**

月球的引力随着地球的自转速度每世纪减慢2毫秒，因此白天会慢慢变长。9亿年前，一年由481×18小时/天组成，而不是365×24小时/天。

## ✷ 奇特的行星

每一颗行星都有自己的独特之处。以下是关于每个行星的一些奇特之处。

**水星：**由于水星绕太阳的奇怪轨道，如果你站在它的表面，你会看到太阳在天空中是这样移动的：不断变大，停止运动，短暂地改变方向，再次停滞，然后继续变小。

**金星：**在太阳系中，金星是最热的地方，温度达878℉（470℃——高温足以熔化铅），压力是地球的90倍。

**地球：**如果你站在赤道上，你将以每小时1 000英里（1 600千米/小时）的速度绕着地球中心旋转，同时也以每小时67 000英里（108 000千米/小时）的速度在太空中飞驰，因为地球是绕着太阳公转的。

**火星：**被称为“尘暴”的小型龙卷风在火星表面很常见。据说这些旋风可以清除太阳能电池板上的灰尘，而这些电池板是为火星探测器机器人供电的。就像火星清洗机一样，这使得机器人的运作时间比最初预期的要长得多。

**木星：**大部分是气体，但它的核心是一个有地球$10^{-15}$倍大的岩石球体，温度高达36 000℉（20 000℃）。

**土星：**土星最著名的是它那由冰和岩石的微粒组成的光环。这些光环的直径约为16.8万英里（27万千米），但厚度只有几英里。如果压缩的话，这些材料将形成一个直径小于62英里（100千米）的球体。

**天王星：**天王星是目前已知的唯一一颗由南向北自转的行星。它的赤道与地球围绕太阳的轨道几乎成直角。数十亿年前它可能是被一个大型物体撞击，导致球体倾斜。

**海王星：**海王星的风力是太阳系中最强的，风速高达1243英里/小时（2000千米/小时），这使得乌云以创纪录的速度移动。一种被称为“滑行车”的大气现象每16小时环绕地球一周。

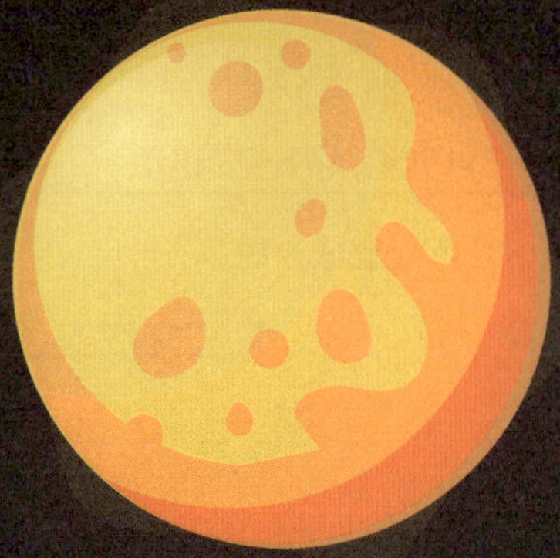

太阳

水星

火星

木星

天王星

金星

地球

海王星

土星

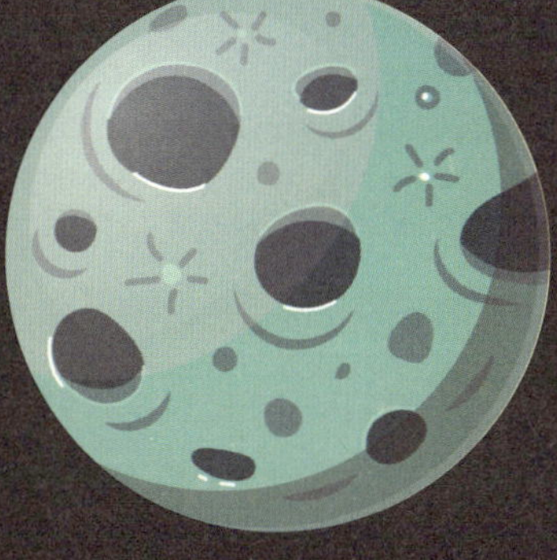

月球

彗星

## 3. 世界末日

有几种地质灾害和宇宙灾难可能会给文明，甚至可能给地球上的所有生命带来灭顶之灾——它们被称为“灭绝级别事件”（ELE）。

以下是五种最有可能发生的地球末日场景：

超级火山：在我们的印象中，超级火山爆发的威力是任何一次火山喷发的100多倍，它可能会随时随地爆发，而且几乎没有任何预警，我们对此无能为力。火山喷发会向大气中排放大量的灰尘和有毒气体，甚至在好几年之内都会阻隔大部分的阳光。上一次发生这种情况大约是在74 000年前，当时只有1万人幸存。

生态崩溃：如果人类耗尽地球资源并将其转化为污染，那么整个生态系统就有崩溃的危险。海洋可能会变成酸性，大气中的污染物不会分解，淡水可能会耗尽，农田可能会变得贫瘠，气温可能会以难以置信的速度升高。人类会死于干渴、饥饿和中毒。

伽马射线爆发：当两个天体相撞时，如中子星和黑洞，它们会大量释放一种叫作伽马射线的危险射线。如果伽马射线在距离

地球6 000光年的范围内爆发，就会辐射整个地球，把大气烧光，把地球上的所有生物都烤焦，就像一个宇宙微波炉。

**彗星碰撞：**彗星是由冰和岩石组成的巨大球体，以极高的速度在太阳系中穿行。即使人类发现彗星将要撞向地球，那也是几乎不可能阻止、转移或毁灭的，甚至可能摧毁整个地球。1994年，苏梅克–列维9号彗星撞向木星，释放的能量比地球整个核武库释放的能量还要多750倍，留下了地球大小的破坏区域。如果这种情况发生在地球上，那么地球上就可能所剩无几了。

**流星撞击：**流星是一个撞击地球的小行星（一大块太空岩石）。每天有6吨的陨石撞击到地球，但它们都小到足以在大气层中燃烧。每一万年左右，就有一颗足以毁灭整个国家的小行星撞击地球。一个直径约6英里（10千米）的小行星——大到足以造成灭绝级别事件（ELE）——每隔5000到1亿年撞击地球一次。然而，如果给予足够的警告，人类可能会找到一种转移或摧毁它的方法。

**实际情况**

人类对知识的渴求可能会自我毁灭。科学技术进步很可能是致命的，例如“弗兰肯斯坦效应”。风险领域包括纳米技术、瘟疫和电磁污染。

已经去世的物理学家霍金曾经预言，在两百年以内，我们所生活的地球很有可能就会全面毁灭。

## 4. 最后的边界

大气层和外太空之间无法划分出一条明确的分界线——你离地球表面越远，大气就越稀薄，但即使在1000英里以上，仍然有少许微粒。

航天局使用的定义是卡门线（Karman line），是以西奥多·冯·卡门（Theodore Von Karman）的名字命名的。根据他的计算，在62.1英里（100千米）以上的高空，需要非常大的推力才能让飞行器保持在空中，因此实际上它处于自由落体状态。只有大约450人能飞行到这条线以上（这个数字随着每次太空任务的增加而增加）。

### ✷ 仪容整洁的宇航员

航天飞机上的宇航员带了一个个人梳妆盒，其中包括毛刷、梳子、刮胡刀、刮胡膏、牙刷、牙膏和指甲剪（尽管指甲在失重状态下生长缓慢，梳子也没什么用）。

当宇航员在太空行走时，他们会穿着装有尿布的宇航服。在宇宙飞船上，由于失重，厕所有脚环和大腿约束装置，这样宇航员在使用时不会飘走。厕所靠真空泵吸走废物。

## 5. 太空中的猪圈——太空垃圾

大型阿雷西博射电望远镜的勘测显示，地球周围的轨道上至少有15万个大于0.4英寸（1厘米）的物体，100万个大于0.08英寸（2毫米）的物体。然而，对于太空行走的宇航员来说，即使是比这更小的东西也可能是致命的：轨道上的一个油漆斑点就可以将航天飞机的前窗划破，而地球轨道上可能有数百亿个这样的粒子在运行。

飞出太阳系的人造飞行器

| 名称 | 飞行日期 | 目的地 | 原始目的 |
|---|---|---|---|
| 先驱者11号 | 1973年4月6日 | 天鹰座 | 收集木星、土星和星际空间的数据 |
| 旅行者1号 | 1977年9月5日 | 鹿豹座 | 收集木星、土星及其卫星的数据；研究太阳系的边缘 |

续　表

| 名称 | 飞行日期 | 目的地 | 原始目的 |
| --- | --- | --- | --- |
| 旅行者2号 | 1977年10月20日 | 宇宙空间 | 收集木星、土星、天王星、海王星及其卫星的数据；研究太阳系的边缘 |

**实际情况**

因为月球上没有大气，所以尼尔·阿姆斯特朗（Neil Armstrong）的第一个脚印不会被吹走。它们保存在覆盖月球表面的灰尘中，并将一直留在那里，直到有人或什么东西将它们擦除。

# 6. 宇宙之外还有人吗

科学技术的进步让我们与我们的邻居联系得更加紧密——如果他们存在的话。

## ✷ 外太空的信息

旅行者号探测器携带的声音和图像代表了地球上的生命。部分内容包括：

自然的声音，如海浪、雷声和风声；

动物的声音和人为的声音；

用55种不同的语言问候；

音乐曲目（包括巴赫的《勃兰登堡协奏曲》、查克·贝里的《约翰尼·B.古德》和路易斯·阿姆斯特朗的《忧郁蓝调》）；

人们看电视和打篮球的影像。

实际情况

1988年，法国宇航员让·卢普·克雷蒂安将“平克·弗洛伊德”乐队的一盘磁带送往和平号空间站，这是他第一次将摇滚乐带入太空。也许这是月亮的摇滚乐。

### 最有可能存在生命的地方

| 星球 | 可能存在生命的原因 |
| --- | --- |
| 火星 | 最近的发现表明，液态水几乎肯定曾经流过大部分的火星表面，而且在地表以下和两极仍然存在大量的冷冻水。细菌或其他生命形式的化石可能存在于整个星球，而维持生命的液态水可能存在于地表以下的深处。在地壳深处，细菌也在类似的条件下大量繁殖 |
| 木卫二（木星的卫星之一） | 在厚厚的冰层下，磁性活动和强烈的潮汐（由木星的巨大引力引起）可能会产生足够的热量来保持水的液态。条件也许会很极端，但可能与地球海洋中部喷口周围的情况相当，那里充满了生命 |

续 表

| 星球 | 可能存在生命的原因 |
|---|---|
| 泰坦（土星最大的卫星） | 它有一个烟雾状的大气层，富含与地球早期历史中存在的大气层相似的化学物质，还有水冰和高温地核。一些科学家认为，那里可能已经是地球表面被陨石撞击而炸飞的细菌的家园 |
| 土卫二（小土星卫星） | 潮汐力产生的热量似乎使海洋中的水保持在冰表面以下的液态，有时会驱使巨大的间歇泉喷向太空。热和水很可能等于生命 |

## 7.不明飞行物和外星人绑架

一位天文学家提出，要想知道是否有外星文明造访过地球并不难。他坚持认为，这是相当明显的，因为他们会留下大量的太空垃圾。

2006年5月，天文学家伊恩·克劳福德认为，月球是寻找外星人存在证据的最佳地点，因为外星人在月球上留下的任何东西都是原始状态的。

从技术上讲，不明飞行物是你在天空中看到但无法辨认的任何东西。

### ✷ 不明飞行物观测指南

20世纪40年代末，不明飞行物首次流行起来，20世纪40年代末，不明飞行物开始变得很普遍，但从19世纪起就已经发生目击

月牙形

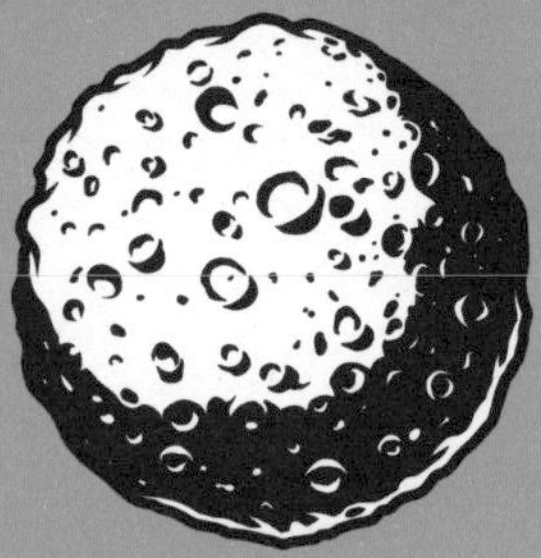

雪茄

飞艇

飞碟

三角形

1935年，美国一家电台广播说火星人来到了地球，引起了一场虚惊。而英国一位作家创作了一本名为《大战火星人》的科幻小说，其中对火星人作了许多绘声绘色的描述，更引发了一系列有关“火星人”的小说和电影的诞生。

事件了。某些类型的不明飞行物似乎是最常见的。

飞艇：19世纪，有人说看到了形状像飞艇的不明飞行物（今天我们可以称之为飞艇或齐柏林硬式飞艇）。

飞碟：经典的不明飞行物看起来像一个巨大的盘子或碟子——圆盘状，有时中间有一个圆顶。

月牙形：1947年的UFO目击事件引发了人们对UFO的狂热，其中包括那些看起来像月牙形的不明飞行物。

雪茄：通常报道的不明飞行物形状是雪茄——一个长形圆柱体，末段呈圆形。也许这些与19世纪的飞艇目击事件有关。

三角形：据报道，不明飞行物越来越常见的形状是三角形，通常被描述成一个底部有灯的黑色三角形。

## ✷五大UFO热门地点

玛法：位于得克萨斯州西部的玛法镇，以玛法之光而闻名。在晴朗的夜晚，西南方向的沙漠上空可以看到奇怪的灯光。

赫斯代尔：挪威中部的一个小山谷，位于特隆赫姆以南75英里（120千米）处，经常能看到奇怪的光。

微风湾：佛罗里达州的一个城市，人们在那里发现了许多不明飞行物。

**沃敏斯特：**一个位于英格兰西部威尔特郡的小镇，这里曾是一个重大不明飞行物飞行的中心。该地区仍可见不明飞行物。

**努劳平原：**一片位于澳大利亚南部的沙漠，这里是许多奇怪的UFO目击事件和目击者的聚集地。

## ✷ 传说中的51区

51区是内华达州北部拉斯维加斯的一块土地的俗称，这里有一个秘密的空军测试基地——“马夫湖基地”。它也在原子弹试验基地的旁边。那里已经开展了绝密的航空项目，包括U2侦察机和F-1177隐形战斗机。51区周围的空域禁止当地飞行员进入，他们称其为“梦幻之地”。

对于许多不明飞行物学家（研究不明飞行物的人）来说，马夫湖也是一个涉及美国政府和飞碟的庞大阴谋网中心。特别是声称科学家们正通过“逆向工程”从坠毁和发现的不明飞行物（比如在罗斯威尔的）推导出先进技术。传闻内容包括：

新的绝密军事项目——例如，无人驾驶的飞行机器人、无人驾驶飞机、隐形直升机，还有高速“极光”飞机；

完整和损坏的外星飞船以及飞船碎片；

UFO研究和工程工作室；

坠毁飞船上的外星人尸体（据说政府科学家们会对它们进行尸检）；

存活的外星人将用于实验；

外星人的秘密殖民地；

地下UFO基地；

一个人类和外星人共同开发生物武器（通常被伪装成自然疾病）的生物技术中心，并在这里制造外星人和人类的杂交体；

一个秘密世界政府阴谋的总部，也许与外星人有关。

尽管关于这个秘密基地有各种各样疯狂的说法，但是绝对没有确凿的证据来支持这些说法。

## ✴ 第三类接触量表

“近距离接触”（CE）量表是由著名UFO专家约瑟夫·艾伦·海尼克（J. Allen Hynek）在1972年提出的UFO目击和接触分类系统的一部分。他原来的级别只升到CE3，CE4和CE5是最近增加的，但它们并没有被UFO研究人员普遍接受。

| CE排序 | 意义 |
|---|---|
| CE1 | 在500英尺（152.4米）内看到物体或明亮的光 |
| CE2 | 在物理上影响环境，留下它存在的痕迹，如晒伤的目击者或起落架的痕迹 |
| CE3 | 目击者看到/见到了船上的人 |
| CE4 | 目击者进入太空船（通常是违背他或她的意愿） |
| CE5 | 遇到了超自然的因素，如心灵感应或闹鬼现象 |

## ✷ 五大对UFO的解释

可疑的目击事件通常是由于“目击者”的混淆、恶作剧和心理失常，这些也占了所有案例的百分之几。但也有许多案件仍未得到解释。

**外星人假说：**这是一个专业术语，指的是相信UFO是由来自其他世界的生物所驾驶的宇宙飞船。

**黑色项目：**UFO是高度先进且绝密的军事研究飞船。根据这一理论，军方提出的外星人假说就只是用来掩盖不明飞行物的真实性质。

**地球之光：** 不明飞行物是由自然但未知的地质和/或气象力量，如地壳压力或空气中积聚的电力所产生的光球。这反过来又会产生会发光且四处移动的带电气体球。

**生命形式：** 不明飞行物是新的和未知的生命形式——要么是一般生活在大气层之外完完全全的自然生物，要么是来自其他维度的半魔法能量生命，只是在我们看来是以不明飞行物的形式存在。

**误认：** 即使是最狂热的UFO迷也承认，10个不明飞行物中有9个都可以完全合理地解释，或只是误认的结果。常见的罪魁祸首有：恒星和行星、普通飞机、交通信号灯、地面激光或射灯、鸟类、幻觉和梦。

**实际情况**

根据1991年对美国人的一项调查显示，2%的人可能都经历过绑架。这意味着每50个美国人中就有1个被绑架，也就是说，以每天2740人的速度，被绑架的美国人超过500万。怀疑论者指出，这意味着美国上空每天晚上肯定会布满数百艘外星飞船。

## ✷ 主要的UFO目击事件

据估计，自1947年以来，已有超过10万人称看到过不明飞行物。

| 事件 | 时间 | 发生了什么 |
| --- | --- | --- |
| 肯尼斯·阿诺德目击事件 | 1947年6月 | 在美国西北部华盛顿州的喀斯开山脉附近飞行时，私人飞行员肯尼斯·阿诺德报告说，他看到了“成列的外形奇特的飞机”。他并没有把它们叫作“飞碟”，而是说它们像“碟形物在水面上跳跃”着移动。一位不愿透露姓名的标题作者后来把这段改为“飞碟” |
| 罗斯威尔事件 | 1947年7月 | 军方发布了一份官方新闻稿，称一架飞碟在新墨西哥州罗斯维尔附近坠毁，但随后又撤回了该报道，并将其归咎为一个被击落的气象探测气球。20世纪80年代，UFO研究人员称曾与目击者交谈，目击者称一开始的报道才是正确的 |

续 表

| 事件 | 时间 | 发生了什么 |
|---|---|---|
| 第一个绑架事件 | 1961年9月 | 据说来自新罕布什尔州的贝蒂和巴尼·希尔曾与飞碟近距离接触过，但他们几乎记不起具体细节，直到在催眠状态下，他们透露了一个绑架和探测的故事。虽然这不是第一起外星人绑架事件的报道，但却是第一个广为人知的案例 |
| 瓦伦提斯事件 | 1978年10月 | 澳大利亚飞行员弗雷德里希·瓦伦蒂奇在报告与不明飞行物相遇后，在塔斯马尼亚岛和大陆之间的巴斯海峡失踪。此后，再也没有发现他的踪迹 |
| 蓝道申森林事件 | 1980年12月 | 在英国萨福克郡蓝道申森林附近的美国空军基地，人们看到了奇怪的光。进入森林进行调查的飞行员称，他们曾与之有过近距离接触。这个事件通常被称为英国的罗斯威尔事件 |

## ✷ 绑架者的经历

外星人绑架是指一个人认为他或她被外星人绑架了，通常是被迫登上宇宙飞船。绑架经历几乎可以肯定是梦、幻觉和通过催眠产生的错误记忆共同作用的结果。绝大多数的绑架经历都遵循相同的模式：

通常当被绑架者是晚上躺在床上时，他或她感觉到一个奇怪的存在，四肢无力，并有种不真实的感觉。

被绑架者被带到一艘宇宙飞船上，不知怎么从床上飘起来，穿过墙壁和门。可能会有一束强光。

被绑架者发现自己躺在石板上、床上或桌子上，外星人正在检查和探测。外星人可能在被绑架者身上做实验，植入或提取东西。

被绑架者可能与外星人交流，被带领着参观飞船，甚至被带到另一个世界。

被绑架者在床上醒来，通常没有关于绑架事件的记忆。

# 第三章

# 自然现象

# 1. 自然界中的奇特现象

几个世纪以来，由于完全没有合理的解释，一些奇怪的自然现象就被归因于超自然和巫术。如今，科学可以为地球上许多自然现象提供一个合乎逻辑的解释，但即便如此，世界上仍有一些相当奇怪的事情发生。比如，有青蛙从天而降，落在你身上，或者看着窗外，你会发现一场刚下的橙色雪。

## ✷ 奇怪的雨

并不是只有水会从天而降。伴有动物和其他东西的降雨也是一种公认的气象现象。人们通常把它们解释为水龙卷或龙卷风把海洋、湖泊或花园池塘里的东西吸到空中的结果。在空中，它们被上升的空气托起，然后就再以雨的形式降落下来。

然而，这种解释存在几个问题：甚至没有证据表明这是可能

的；也从来没有被观测到过；而且，至关重要的是，它不能解释许多奇怪的降雨。例如，并不是所有奇怪的雨都是有鱼或其他水生生物的，而那些雨通常只涉及一种动物，这就提出了一个疑问：水龙卷怎么会如此有选择性呢？

实际情况

2001年7月25日到9月23日之间，印度南部的喀拉拉邦遭遇了一场红色暴雨，这场暴雨的颜色红得看起来像血一样。有些科学家说，之所以红色是因为一颗途经的彗星上的外星细胞，但真正的罪魁祸首可能是藻类或真菌的孢子。

奇特的降雨事件

| 时间 | 地点 | 降下的东西 |
| --- | --- | --- |
| 1666年复活节 | 英格兰斯坦斯特德 | 牙鳕、鲱鱼和胡瓜鱼幼仔 |
| 1830年3月 | 苏格兰伊莱 | 新鲜鲱鱼 |
| 1841年7月 | 英国德比郡 | 鱼和青蛙在一场雷雨中纷纷而下 |

续 表

| 时间 | 地点 | 降下的东西 |
|---|---|---|
| 1867年5月 | 爱尔兰都柏林 | 储存在沼泽地里的榛子 |
| 1871年 | 英国巴斯 | 封装在果冻里的海虾 |
| 1877年 | 田纳西州孟菲斯市 | 活蛇 |
| 1879年8月 | 苏格兰罗蒙德山 | 海草 |
| 1881年10月 | 威斯康星州伊尔瓦基市 | 蜘蛛网，有些长度超过60英尺（18米）……但没有蜘蛛 |
| 1890年8月 | 伊拉克巴格达 | 一种可食用的物质（被认为是沙漠地衣或红柳）在一场暴雨中坠落。当地人把它收集起来做成了面包——天赐的吗哪（希伯来语：《圣经》中的一种天降食物） |
| 1897年 | 意大利马切拉塔 | 数百万颗南欧紫荆的种子从血红色的云彩中落下 |
| 1901年6月 | 南卡罗莱纳蒂勒斯渡口 | 鲶鱼、鲈鱼和鳟鱼掉在田地里 |

续 表

| 时间 | 地点 | 降下的东西 |
| --- | --- | --- |
| 1939年6月 | 英国特罗布里奇 | 青蛙 |
| 1947年10月 | 路易斯安那州马克斯维尔 | 各种各样的鱼，包括大嘴黑鲈、圆眼鱼、鲦鱼和山胡桃鲱鱼，有些长达10英寸（25厘米） |
| 2000年8月 | 英国大雅茅斯 | 2英寸（5厘米）长的鲱鱼 |

## ✷ 彩雪

另一个令人惊奇的常规天气现象就是彩雪。雪有许多不同的颜色，有红色、橙色、绿色、棕色、蓝色和黄色。有时它可能是由大气中的灰尘引起的，但通常是已落下的雪中生长的藻类引起的。

## ✷ 强风

乍一看，飓风、龙卷风、旋风和台风似乎是同一种事物的名

水龙卷，俗称龙吸水或龙吊水等。它的上端与雷雨云相接，下端直接延伸到水面，一边旋转一边移动，极为危险。

称，从某种意义上说，是这样的——它们都是会引起狂风并且致命的风暴类型。然而，这些反常的天气现象（还有什么能在几秒内让一头牛飞起来或摧毁一所房子呢？）在定义上有一些细微的差异。

**龙卷风：** 龙卷风比飓风、旋风或台风要小得多。它是一股旋风，一股以极高速度旋转的气流，从风暴云的底部向下到达地面，它会吸走地面上的灰尘和碎片，并造成大量破坏。即使最大的龙卷风也最多只有2英里（3千米）宽；通常它们的直径约为240英尺（73米）。

**飓风和台风：** 飓风和台风是同一事物——学术上称为热带气旋的大型热带风暴——的不同名称。当这些风暴发生在大西洋或者加勒比地区时，被称为飓风。当发生在太平洋地区时，被称为台风。

## ✷ 最具有破坏性的龙卷风

龙卷风可以快速地穿过地面：1925年3月18日，“三州龙卷风”以每小时73英里（117千米/小时）的速度穿过密苏里州、伊利诺斯州和印第安纳州，全程219英里（352千米），摧毁了多达15 000所房屋，造成695人死亡。这是美国历史上最具破坏性的龙卷风，它可能发生在任何地方。

龙卷风过境之处，常会发生拔起大树、掀翻车辆、摧毁建筑物等一系列毁灭性灾难。

## ✷ 世界最高风速

地球上最高风速的记录为每小时318英里（512千米/小时），包括1999年5月3日发生在俄克拉荷马州穆尔的龙卷风在内。此次龙卷风造成4人死亡，250所房屋损毁。

## ✷ 史上最大的风暴

史上有记录以来最大最强的风暴是“台风尖锋”，它于1979年10月在太平洋上空形成，被称为超级台风。“台风尖锋”最大时有1 350英里（2 173千米）宽，大约是美国国土面积的一半。10月12日，风暴中心的气压为870毫巴，这是有记录以来地球表面的最低气压。风速高达每小时160英里（258千米/小时）。

## ✷ 最具破坏力的风暴

就造成的损失而言，史上最具破坏性的风暴是2005年8月下旬袭击美国的卡特里娜飓风。造成的损失估计在1 250亿美元到750亿美元左右，但即使是最低的数字也很容易让1992年的安德鲁飓风相形见绌，安德鲁飓风是袭击美国的风暴中代价第二昂贵的，且造成了210亿美元的损失（以2005年的美元价值计算）。

**实际情况**

夏威夷的怀厄莱阿莱每年平均有335天是雨天，每天的降雨量接近1英寸（2.5厘米）。而另一个极端，智利的阿里卡，每六年平均有1天是雨天。

## ✷ 火风

在《圣经》中，火柱偶尔会摧毁上帝的敌人。这可能是基于一种科学观察到的现象——温度极高的风会把沿途的一切都烧焦。

例如，1869年夏天，一股烈性旋风穿过田纳西州的契丹县，所到之处，一切都被烧毁了。马被烧焦了，林地着火了，干草堆着火了，整个农舍都被火焰笼罩着。当火柱到达河边时，升起了一股蒸气，最后熄灭了。

与此同时，在1860年，一股约100码（91米）宽，温度达到120℉（49℃）的热风穿过佐治亚州，烧焦棉花作物，甚至伤人性命。

台风拥有不逊于海啸的威力，
有时足以摧毁整座城市。

## 2.神奇的光

闪电是一种壮观的灯光表演（也是小时候就被警告过的危险：雷雨天不要站在树下；切断电话，否则会触电的）。

科学地说，它是云层和地面之间的放电。它的工作原理是这样的：雷雨云积聚起巨大的电荷，就像气球在毛衣上摩擦，但只是规模巨大。当其中一部分电荷被释放到地面时，电流会立即将空气转变成一种过热的等离子体，就和太阳一样。当这种等离子体产生时，就会发出惊人的光芒并且爆炸般地膨胀，发出我们所听到的类似雷声的声波。

### ＊闪电有时会出现两次

我们所认为的一次闪电实际上是由多次闪击引起的——多达42次——在云层与地面之间沿同一路径以大约30毫秒（即0.03秒）

的间隔发生。总的来说，一次闪光持续约0.25秒，但大部分时间是两次闪光之间的间隔时间。

## ✴ 奇特的闪电

闪电在科学上来说仍是一个谜。例如，科学家仍然不知道闪电从哪里获得能量。同样神秘的是它可以采取的许多不同的形式，还有它制造出的奇特现象：

**球状闪电**：1963年，一架飞机在夜间从纽约飞往华盛顿特区的途中遭遇了雷暴。乘客们看到驾驶舱区域出现一个发光的球体，它穿过过道，然后砰的一声消失了。这可能就是球状闪电，科学家们直到此次事件才相信它的存在。

**彩色闪电**：1925年5月的一个晚上，在英格兰萨默塞特郡北卡德伯里的一次教堂礼拜仪式上，会众看到了红色闪电。1927年在安大略省，人们看到了绿色闪电。

**晴空闪电**：1886年，一艘从英国驶往美国的轮船船长看到了一道耀眼的闪电，还听到了一阵雷鸣声，即使当时晴空万里，阳光正好。

**挖洞闪电**：在新罕布什尔州肯辛顿的一场雷雨中，闪电击中了一块田地，造成一个直径约1英尺（30厘米）、深30英尺（9米）

黑海上空的巨型闪电风暴。

的洞。洞里盛满了水，成为农场一个有用的井。

**红色精灵：**红色精灵是一种从云层的顶部跳跃到同温层的红色闪电。它们的出现时间只维持千分之一秒，但宽度可以达到数英里。

**蓝色喷流：**这是从雷暴中心喷发而出的锥形闪电。

**实际情况**

闪电球的速度是未知的。有些科学家认为它的速度可能是光速的一半——惊人的9万英里/秒（14.5万千米/秒）。另一些人认为它的速度更有可能是光速的十分之一——仅为18 640英里/秒（30 000千米/秒）。

## 3. 极端天气

由于全球变暖的影响，我们可以预期到，随着极端天气的增多，气候将变得更加不稳定。下面列出的许多记录可能并不会保持很久。

### ✷ 有记录以来最极端的温度

**最冷：** 南极洲沃斯托克：–128℉（–89℃）。

**最热：** 利比亚阿济济耶所有地区；1992年，树荫下温度达136℉（58℃）。

**温度下降最快的地方：** 蒙大拿布朗里克；一天之内气温从45℉下降到–56℉（7℃到–49℃）。

**温度上涨最快的地区：** 南达科塔州斯皮尔菲什；两分钟内温度从4℉上升到45℉（–15℃到7℃）。

南极洲上的帝国企鹅以及被冰雪覆盖的冰川大陆。

## ✷ 地球上最极端的地方

最热的地方：达洛尔、德纳基尔洼地、埃塞俄比亚；年平均气温为93.2℉（34℃）。

最冷的地方：南极洲高原科考站；年平均温度是-134℉（-92.2℃）。

最潮湿的地方：印度阿萨姆邦的摩辛兰；年平均降雨量为467英寸（1 186厘米）。但有记录以来最潮湿的一年是1860年8月到1861

年7月，当时印度乞拉朋齐的降雨量为1 042英寸（2 646厘米）。

最干燥的地方：智利的阿塔卡马沙漠；年平均降雨量为0.03英寸（0.8毫米），但多年来根本没有降水记录。

## ✷ 最大的冰雹

令人惊讶的是，气象学家用来描述冰雹的官方尺寸包括“棒球”和“葡萄柚”。据称，史上最大的冰雹是1986年4月14日落在孟加拉国戈帕尔甘吉地区的一块超过2磅（1千克）的石头。

2003年6月22日，官方认定的最大冰雹直径为7英寸（17.8厘米），降落在内布拉斯加州的奥罗拉市。它的速度超过100英里/小时（160千米/小时）。暴风雨天不带伞外出还是需要格外小心的。虽然大型冰雹很少对人类的人身安全构成威胁，但每年会造成近10亿美元的财产损失，如农作物、屋顶和汽车。

被切成两半的冰雹有和洋葱一样的同心圆，这就表明了它在落到地球前到达风暴顶部的次数。

## ✷致命的波浪

海啸是由地震和/或山体滑坡引起的波浪，有时被错认为潮汐波。这是一种众所周知的现象，但近年来，科学家们也开始逐渐接受他们一直以来否认的东西——异常波或反常波的存在。这些在海洋中自发形成的巨浪甚至可以摧毁最大的船只。

有记录以来最高的海啸高度达210英尺（64米）。它于1737年袭击了西伯利亚东海岸的堪察加半岛。

## ✳海啸预警信号

如果政府没有足够的时间发布海啸预警，了解一些预警信号可能会有所帮助：

**地震：**自然海啸警报。如果你感觉到地动山摇，马上往高处跑——你可能只有几分钟的时间。记住，地震可以在引发海啸发生数小时后，触发数千英里外的致命海浪。

**海平面变化：**专家认为，大海退潮可能会给人们多达五分钟的警告，让他们撤离该地区。许多人却跑到海边去观看退潮后裸露的海底。

**奇怪的声音：**如果你听到奇怪的声音，比如咆哮的声音，不要跑去观察，往地势较高的地方跑。

**当地野生动物行为奇怪：**动物通常比人类的感觉更加敏锐，许多动物比人类更早察觉到海啸。因此，如果你注意到许多动物行为奇怪，以及向高处逃窜的现象，你最好也跟着做。

风浪来回并没有淹没高处；

水流呈环形；

海啸像一道水墙一样迅速淹没陆地；

水流成直线。

2004年12月26日，强达里氏9.1至9.3级的大地震袭击了印尼苏门答腊岛海岸，此次地震引发的海啸造成了22.6万人死亡，200多万人无家可归。

## ✷超级巨浪

现在人们普遍可以接受，世界各地每年都会出现几次高达100英尺（30米）的巨浪，这相当于一座12层建筑的高度。遇到这样的海浪往往是灾难性的。

| 时间 | 高度 | 事件 |
|---|---|---|
| 1881年 | 未记录下来 | 一个孤独的浪头把“罗西娜号”甲板上所有的人都卷了下去。同年晚些时候，所有船员都在甲板上时，船又被巨浪击中，所有人又一次被冲到海里。唯一幸存者是一个卧病在床的船员，他是被路过的轮船救起的 |
| 1922年12月 | 80英尺（24米） | “雄伟号”在大西洋风暴中遇到了骇人的巨浪 |
| 1925年2月 | 75英尺（23米） | 皇家海军“奥林匹克号”从南安普顿驶往纽约，途中遭到巨浪袭击，导致航行驾驶室损坏 |

续 表

| 时间 | 高度 | 事件 |
| --- | --- | --- |
| 1966年 | 25~30英尺（7~9米） | 意大利客轮“米开朗基罗号”在驶往纽约的途中，遇到了纽芬兰东南海域的巨浪。巨大的海浪不断地冲击着船身，突然一个巨大的海浪冲进了船里。部分上部结构被冲倒，水线以上30英尺（9米）的窗户被压碎，船头的钢板被撕裂，造成3人死亡，12人受伤 |
| 1995年1月1日 | 61英尺（18.6米） | 位于北海的德拉普拉纳石油平台上的波浪传感器首次获取了对异常波浪的官方测量数据。波浪破坏了平台，但也证明了这种波浪是真实存在的 |
| 2004年 | 50~130英尺（15~40米） | 在“伊万”飓风期间，墨西哥湾海床上的传感器测量到许多高达50英尺（15米）的海浪，还有一个高达91英尺（28米）的巨浪。科学家估计风暴中心的海浪达到了130英尺（40米） |

## 4. 山高谷深

地球表面有一些很大的褶皱。世界最高峰是位于中国与尼泊尔边境线上的珠穆朗玛峰，高达29 030英尺（8848.86米），首次登顶是在1953年5月29日［1999年，全球定位系统（GPS）技术提供了比以前可能更为精确的测量结果，珠穆朗玛峰“长高”了7英尺（2米）］。

然而，如果从位于太平洋海底的夏威夷海槽的最低点测量，海拔13 799英尺（4 206米）的夏威夷莫纳克亚火山是世界上最高的山，其总高度为33 780英尺（10 296米）。

### ✶最低点

死海通常被认为是地球表面的最低点，位于以色列－约旦边境，低于海平面1 342英尺（409米）。然而，南极洲的实际陆地表面是在冰帽下，要低于海平面8 327英尺（2 538米）。

公元79年，维苏威火山突然爆发，将庞贝城彻底掩埋。直到1594年，庞贝古城才意外被人发现，重现天日。2016年6月，庞贝古城被评为“世界十大古墓稀世珍宝”之一。

死海中的盐分比重很大，使海水的密度大于人的密度，所以人们即使不会游泳，也可以仰卧在水面休憩，享受漂浮的乐趣。

## 5. 火山爆发和地震

近年来出现了一些破坏性的地震，但由此造成的死亡人数无法与历史上最严重的灾难相提并论。最具破坏性的地震：就死亡人数而言，有记录以来最具破坏性的地震是1556年1月23日发生在中国山西的地震。这是一次震级将近8级的地震，造成大约83万人死亡。

最具破坏性的火山：历史上最大的一次火山喷发是1815年印度尼西亚的坦博拉火山喷发，它是过去一万年里四大火山喷发之一，也是有记录以来最大的一次。大约10立方英里（16.09立方千米）的火山灰被喷到大气中，有1万人直接死于火山喷发。农作物减产和饥荒又夺去了8万人的生命。

**实际情况**

世界上每天至少有一座火山喷发。

## ✴ 动物和地震

许多有记录的历史事件表明，动物以某种方式“知道”地震即将发生。

| 时间 | 地点 | 事件 |
| --- | --- | --- |
| 公元前373年 | 希腊希来克 | 罗马历史学家和自然学家埃利安（Aelien）记录了大量的老鼠、黄鼠狼、蛇和其他小动物，在摧毁城市的地震来临前5天就沿着道路爬行 |
| 1783年 | 西西里墨西拿 | 狗在大地震前号叫得很厉害，人们拿着棍棒去打它们。此次事件之后，即使是最轻微的狗叫声，当地居民也会离开他们的房子 |
| 1835年 | 智利塔尔卡瓦诺 | 地震前，所有的狗都会离开城市，前往开阔的乡村。前一天，人们看到康塞普西翁有成群的海鸟在向内陆飞去 |

## 6.地球上最奇怪的地方

地球上一些最奇怪的地方，也是最不为人知的地方。

位于马来西亚的鹿洞有一堆巨大的蝙蝠粪便，这个洞穴的空间可以放得下五个伦敦的圣保罗大教堂，但正是洞穴里的东西让它变得如此不可思议。这个洞穴是数百万只蝙蝠的家园，其中至少有12种蝙蝠品种，可能是单个洞穴中的蝙蝠种类最多的，它们每晚都要飞出去，猎杀周围雨林中的昆虫。在高峰出洞时，暮色中每分钟有20万只蝙蝠飞出来。由于每只蝙蝠吃掉约1/3盎司（10克）的昆虫，每天晚上约有16吨昆虫被吃掉，其中大部分会被在此栖息的蝙蝠排泄出来——每晚约有5吨新鲜的鸟粪（蝙蝠粪便）。粪便落在洞穴的地面上，那里已经堆积成地球上最大的一堆蝙蝠粪便。

昆虫喜欢以富含氮的蝙蝠粪为食，这使得鹿洞粪堆成了数千万只蟑螂、苍蝇、蛆、甲虫、臭虫、千足虫、弹尾虫、蠕虫

蝙蝠洞中倒挂着的蝙蝠。

和其他无脊椎动物，以及数百万只蜘蛛、蝎子、蛇和其他以这些动物为食的生物的美味佳肴。鹿洞粪堆是地球上蟑螂最集中的地方，它们的密度如此之大，以至于粪堆的表面看起来就像流动的水。

## ✷水晶洞穴

美国卡尔斯巴德洞窟国家公园的龙舌兰洞是地球上最不可思议的地方之一，但这里也人迹罕至。洞穴长120英里（193千米），深1 650英尺（503米）。这些洞穴是石灰岩经过硫酸雕刻而成的，而硫酸是由火山口喷出的硫黄气体溶于地下水中形成的。通常情况下，洞穴太潮湿，晶体就无法存活，因为晶体结构会溶解在水里，但龙舌兰洞温暖而干燥。有些晶体像枝形吊灯那么大。只有一小部分人可允许进入，因为这种独特的晶体结构很容易被破坏；洞穴里的生态系统非常脆弱，任何一件被带进来的食物、设备和废物都必须带走。

## ✷ 永不见太阳的湖

沃斯托克湖是世界上最大的冰下湖，它被埋在南极洲2.5英里（4千米）厚的冰层下。它大约有155英里（250千米）长，最宽处31英里（50千米），最深处2625英尺（800米）。

尽管平均水温为26.6℉（-3℃），湖中的淡水仍未结冰，因为冰层施加着巨大的压力。该湖形成于50万到100万年前，被认为是与木星的卫星木卫二条件最接近的陆地，木卫二可能是外星生命的孵化器。令人难以置信的是，沃斯托克湖中有细菌生命体，尽管那里的水从未见过太阳，而且氧浓度是正常淡水的50倍，这使得这里的水毒性极高。

## ✷ 消失的湖

直到20世纪60年代，咸海一直是世界第四大湖泊。到2004年，它的面积已经缩小到原来的四分之一，从26 255平方英里（68 000平方千米）缩小到6 625平方英里（17 160千米），不到总面积的五分之一。大部分流入湖中的水被改道用于管理不善的棉

咸海附近船墓上的乡村船只。咸海原为世界第四大湖，后来咸海面积缩小了一半，水中含盐量增加了三倍，沿海沼泽面积大大缩小，大量灌木消失。

花灌溉项目，造成了这一令人震惊的生态悲剧。棉花是最缺水的作物之一，而灌溉渠道蒸发损耗了80%的水。

现在咸海缩小太多而分裂成了两部分。北边的那一部分可能还能挽救，但南边的一部分可能会在15年内消失。真正的问题是，湖水蒸发留下了巨大的盐滩，这些盐滩含有剧毒重金属和其他污染物质，而现在这些物质被巨大的沙尘暴带走，毒害着湖周围的农作物和居民。该地区的气候也变得更加极端。

## 7. 唱歌的沙子，叮咚作响的岩石和水枪

世界上有些地方以能听到神秘声音而闻名。这些都与它们的地理位置有关，但可能很难或根本无法解释清楚。

水枪（Waterguns）：水枪是用来形容在水域附近听到的雷声或大炮轰鸣声的众多术语之一。它还有其他的称呼，在荷兰叫“mistpoeffers”，在意大利叫“brontid”，在菲律宾是“retumbos”，还有“湖炮”，最有趣的是“海屁”。可以听到这些声音的地方有北卡罗来纳州威尔明顿县的海滩；英国斯塔福德郡的老汉娜洞穴；以及英国和北欧之间的北海。有一种理论认为，这是由海洋或湖底分布的甲烷喷发造成的，就像打了个巨大的嗝一样。

穆杜斯噪音：美国本地人将康涅狄格州东哈达姆视为一个神圣的地方，因为那里普遍存在的雷鸣般的噪音和地震。他们称它为穆杜斯噪音，或“嘈杂之地”。美国地质调查局（US Geological Survey）称这只是轻微的震动，但应该不是地震活动区域。

唱歌的沙丘：世界上有35个著名的地方可以听到沙丘发出的

轰鸣声或隆隆声，因此得名“唱歌的沙丘”。13世纪，马可·波罗在戈壁沙漠听到了这些声音；如今，听这些声音最好的位置是在摩洛哥的大西洋撒哈拉沙漠。这些噪音是由沙丘表面的小型崩塌引起的。相互碰撞的沙粒会产生一小波噪声，这些噪声会反作用于沙粒，使沙粒的运动得到协调，而沙丘的表面就像一个扬声器——产生一种响亮而稳定的噪声。

响石：这些岩石和大圆石看起来很普通，但是当用锤子或其他工具敲打时，就发出铃铛一般的声响。宾夕法尼亚州巴克斯县的响岩公园便是因此而闻名。1890年6月，当地的一位医生从这里收集了一组响石，在铜管乐队的伴奏下，为Buckwampum历史学会演奏了一场音乐会。

# 第四章

# 奇特的动物和奇怪的植物

## 1. 奇特的野生动物

几个世纪以来，关于动植物奇怪且神秘的故事层出不穷。但是我们的星球上已经生活着足够多的奇怪植物和动物，并不需要诉诸于小说和童话故事。有些动物已经发展出独特的狩猎或躲避猎杀的方式。有些生物拥有惊人的智力水平，有些只是因为长相古怪而引起我们的注意，但它们都是独一无二的，以自己独特的方式吸引着我们。

## 2.动物的魔法

在进化过程中，动物不断适应环境，这可能会让它们有些特殊的形状、行为和能力。以下是一些来自动物王国怪异而奇妙的案例。

### ✴ 黏液

黏液是动物排泄长条蛋白分子时产生的，长条蛋白分子与水混合后变成黏稠的渗出物。黏液有助于保护动物，也可以作为润滑剂帮助它们移动。

**鼻涕虫黏液：** 鼻涕虫需要黏液来防止它们变干，并帮助它们四处滑动。鼻涕虫黏液可以吸收大量的水——你可以用2品脱（1升）的鼻涕虫黏液来吸收整个浴缸的水。这种物质是如此神奇，以至于科学家们正在研究这是否可在医院用于污水清理和伤口保护。

**香蕉蛞蝓黏液：**香蕉蛞蝓的黏液是香蕉味的（尽管不知道是哪个怪人首先发现这点的）。

**盲鳗黏液：**盲鳗可能是海里最恶心的鱼了。它们又丑又白，几乎什么都吃。为了保护自己，它们全身数百个毛孔中都会分泌黏液。它们会分泌超级多的黏液，多到可以将敌人困在这一大团黏液中窒息而亡。如果你把盲鳗放在一桶水里，随着鱼在桶里搅动很快就会溢出可怕的黏液。

**鹦嘴鱼黏液：**在热带珊瑚礁上的每个夜晚，鹦嘴鱼都包裹着黏液，就像一个睡袋。这可以防止它们的气味渗入水中，并警告夜间捕食者，如鲨鱼和海鳗。

**实际情况**

管鼻藿是一种看起来和海鸥很像的海鸟。它有一个令人作呕的秘密武器，用来在筑巢时保护自己。如果受到威胁，它会吐出一种叫“胃油”的难闻且有毒的物质，这种物质是由部分被消化的虾、鱿鱼和胃液组成的，并且能发射到6.5英尺（2米）的高度。就连“管鼻藿（fulmar）”这个名字也有“臭鸟”的意思。

鹦嘴鱼，隆头鱼科的属类，俗称有鹦哥鱼、鹦鹉鱼、红楔鲷等，是生活在珊瑚礁中的热带鱼类。因其色彩艳丽，嘴形酷似鹦鹉嘴而得名。

## ✴ 粪便保温

家里满是吸引虫子的粪便，有人会这样吗？这正是穴居猫头鹰喜欢的。穴居猫头鹰在地下隧道或洞穴里筑巢，到繁殖季节来临时，它会在洞穴里铺上牛粪来吸引虫子，然后把虫子吃掉。粪便也起到了类似于阁楼隔热的作用，有助于保持恒温。

## ✷ 脚部固定的蜥蜴

壁虎是一种以能沿着墙壁和天花板奔跑而闻名的蜥蜴。它的每只脚上都有一个特殊的垫子，上面覆盖着大约50万根细小的刚毛，每根刚毛又长出数千根细小的纤维，在特写镜头里看起来就像小花椰菜。这意味着蜥蜴的每只脚都有数百万个点与它站立的表面接触，每一个点都使用类似于静电电荷吸附在表面上。这种组合的黏性是如此强大，以至于一个正常体形的12岁孩子都可以挂在壁虎身上，而它仍然会粘在天花板上。

## ✷ 假舌虱子

等足类动物是一种甲壳类动物，如木虱，尽管大多数生活在海洋中。缩头鱼虱，作为等足类动物之一，是一种寄生在玫瑰鲷体内的寄生虫。它进入宿主的嘴里，吃掉宿主的舌头，然后待在那里，假装自己就是舌头，以鱼捕捉到的食物颗粒为食。

不同种类的蜥蜴。

## ✷眼睛中的血液

德州角蜥蜴是一种丑陋的生物，它身上长满了疣、脊状突起和尖刺。但它真正的秘密武器是能够从眼角喷出血液。德州角蜥蜴的眼睛后面的窦（气室）充满了血液，当它面临危险时，便会挤压气室，直到血液喷涌而出——高达3英尺（1米）。血液中混合着一种可怕的化学物质，对于土狼、猫、狗和其他蜥蜴害怕的其他捕食者来说，这个物质的味道极其难闻。

角蜥蜴浑身长满了刺状的鳞片，头部还有8个放射状排列的尖棘，体表也被有粗糙的鳞棘。传说有一种特殊的角蜥蜴会从眼睛里喷射出血液，如果有人被这种“武器”击中，就会当场死亡。其实这不过是角蜥蜴在遇到危险时做出的自卫反应而已。

## ✴ 恶臭臭鼬

臭鼬以其可怕的气味而闻名，它们可以从屁股喷射出难闻的气味。事实上，这就是它们名字的由来，它有一个印第安语版本的名字“segonku”，意思是“喷射者”。最常见的臭鼬品种的拉丁名是“Mephitis Mephitis”，翻译过来是“恶臭恶臭”，而另一种臭鼬的名字是“Spilogale putorius”，意为“臭黄鼠狼”。

臭气是由肛门内腺体分泌的含硫化学物质组成的。强壮的肌肉可以让它精准地朝着一个方向喷射到10英尺（3米）的高度。臭气强烈到一英里外都能闻到，还会导致失明和呕吐。

臭鼬在遇到威胁时会向对方释放出一种奇臭的气味，如果警告未被理睬，臭鼬便会向敌人喷出一种恶臭的液体。这种液体会导致被击中者短时间失明，其强烈的臭味让绝大部分顶级掠食者（如美洲狮）都避之唯恐不及。

## ✷ 假死

短语“playing possum”是“playing dead”的另一种说法，来自于负鼠使用的狡猾伎俩。负鼠是一种和猫一般大的动物，看起来像是獾和黄鼠狼的混合体。要是受到威胁，它会利用大多数动物会避开死去或患病的猎物以防被感染的心理，让自己看起来像是死了一般。它侧卧着，口吐白沫之时还嘴唇后翻，舌头外伸，拉出大便，而且最恶心的是，它会用肛门里流出的液体弄脏自己，让自己闻起来像腐肉一样。

## ✷ 伪装大师

拟态章鱼可以很好地控制自己的皮肤颜色和形状，它可以利用自己的身体和触须来模仿可怕或有毒的生物，以此来吓唬捕食者。它可以让自己看起来就像是一条有毒的狮子鱼或一堆有毒的海蛇。事实上，直到1998年人们才发现它十分擅长模仿其他动物。在此之前，看到它的潜水员只是认为他们看到的是它所模仿的一个动物。

## ✴ 发射导弹的狼蛛

狼蛛是一种体形庞大、多毛的蜘蛛，在世界各地都有发现。许多物种的腹部和后腿上长有特殊的毛发，这是它们抵御捕食者的一部分。这些毛发是具有刺激性的，甚至对人类来说是致命的。有些物种能够像发射飞镖一样把这些毛发“发射出去”——它们转过身，用屁股瞄准攻击者，然后用后腿蹭屁股，把毛发打落，扔向敌人。这让这些刺激性的、会引起过敏的毛发进入捕食者的嘴巴、鼻子，甚至眼睛里。

狼蛛的背上长着像狼毫一样的毛，而且有八只眼睛。狼蛛的毒性很大，能毒死一只麻雀，大的狼蛛能毒死人类。2012年11月，科学家在巴西最新发现9种色彩鲜艳的栖树型狼蛛，其中有4种神秘而古老的种类，曾被一度认为是已绝迹的物种。

## 3. 最古老的生物

有些植物、真菌和细菌可以通过克隆繁殖。在古墓中发现的一些真菌和细菌的孢子已经有几千年的历史了，但在适当的条件下是可以复活的。理论上这些是地球上最古老的生物。除去这些，最古老的生物还有：

**植物：**一种叫作玛士撒拉的狐尾松，树龄高达4767岁。它生长在加利福尼亚的怀特山脉。

**动物：**名为“Tui Malila”的马达加斯加辐射龟，它在1965年寿终正寝前至少活了188岁。

**其他竞争者：**还有其他动物的年龄是间接确定的。海洋圆蛤（一种蛤蜊）的年轮显示，至少有一个标本活了220年。还有生活在冷泉和深海中的管虫，它们的生长速度非常慢，但根据它们的体形，人们认为它们能活250年或更长时间。

## 4. 食人族和冷血杀手

世界上最危险的动物是什么？这取决于你对危险的定义——杀死最多人的，毒性最强的，还是你最不想在黑暗小巷里遇到的？

### ✷ 大肆杀戮者

**疟原虫：**引起疟疾的寄生虫。这种显微镜下的恶魔可能比历史上任何其他动物杀死的人都要多——自石器时代以来，所有的自然死亡有一半是因为它。

**家蝇和蚊子：**它们可能是第二大杀手，仅次于能直接导致疾病的生物。它们会传播痢疾和疟疾等疾病。

**人类：**人类本身是相当危险的，历史上已经杀害了好几亿人。

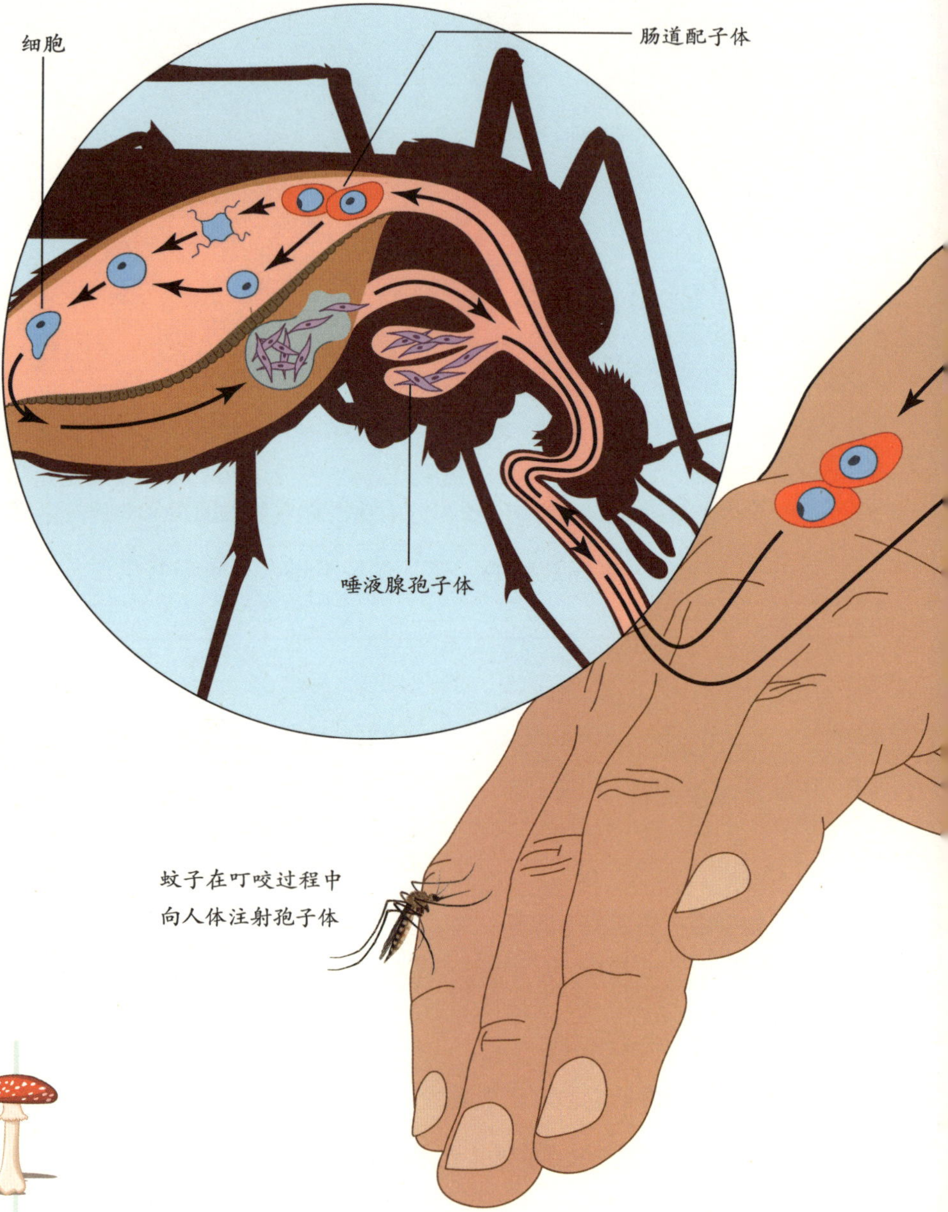


蚊子在叮咬过程中
向人体注射孢子体

携带疟原虫的蚊虫通过叮咬人的方式而传播，人类被疟原虫感染后，容易引起疟疾发作。

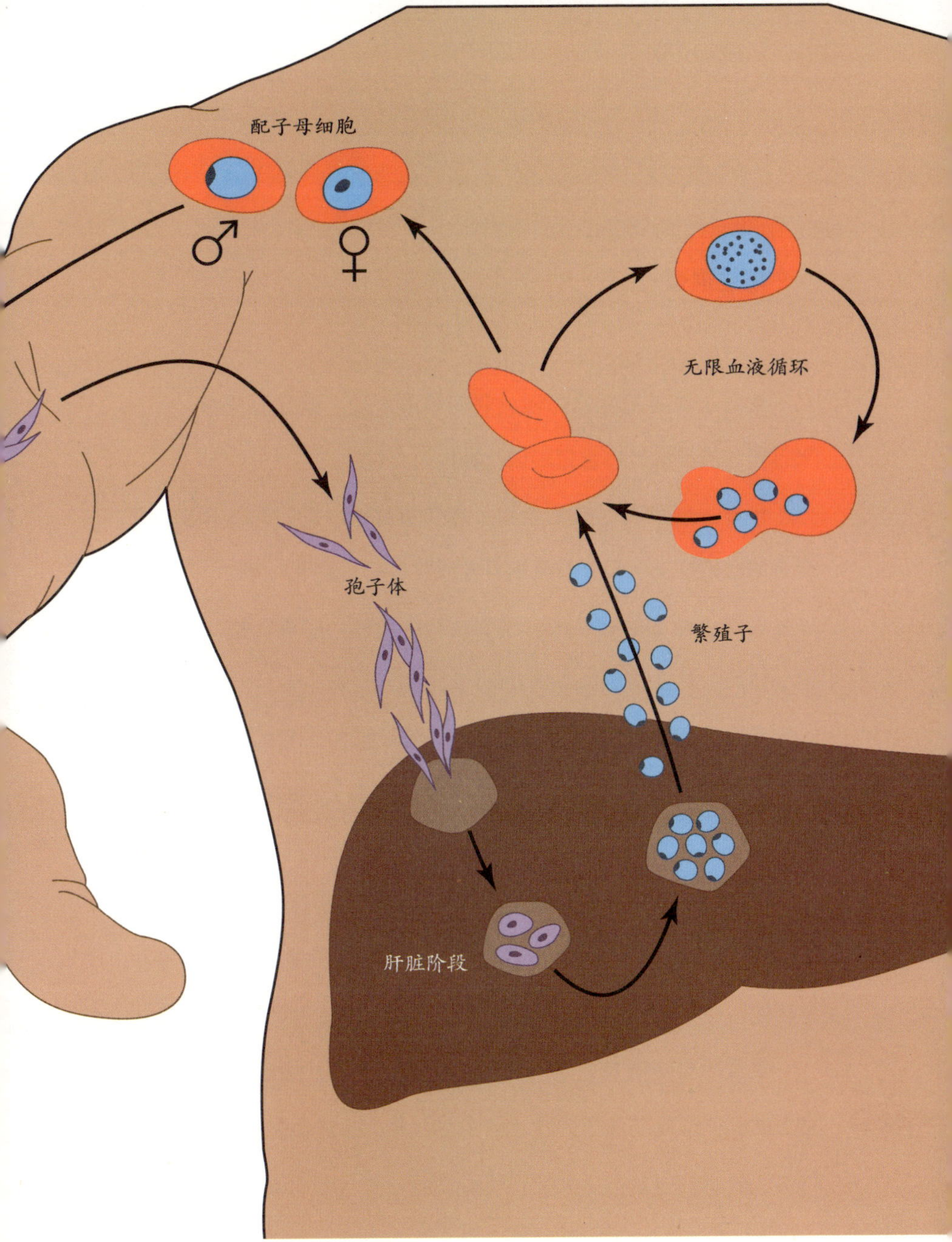
配子母细胞
♂
♀
无限血液循环
孢子体
繁殖子
肝脏阶段

## ✷毒性最强

**世界上最毒的生物：**澳大利亚箱形水母，或称海黄蜂。每只水母所含的毒素足以在短短四分钟内杀死60人。

**世界上最危险的有毒生物：**蜜蜂和黄蜂。它们的毒素会引起严重的过敏反应，每年导致世界各地数百甚至数千人死亡。

**世界上最毒的蛇：**来自澳大利亚中部的内陆泰斑蛇。它们咬上一口产生的毒液足以杀死100个人。

**最危险的毒蛇：**西非和印度的地毯纹蝰蛇，它的毒性比泰斑蛇小，但比其他任何品种的蛇杀死的人都多。它的毒液会导致大量出血。

**最毒的蜘蛛：**六眼沙蛛，生活在非洲南部。虽然胆怯、隐居，但它有非常厉害的毒液，会导致肉腐烂和大量出血，而且是没有解药的。

**最毒的鱼：**石鱼，生活在印度洋和太平洋。如果被踩到，它背上的刺就像皮下注射的针一样注射毒素，毒素会在6小时内导致死亡。

## ✷ 你最不想在黑暗小巷里遇到的动物

这取决于综合体形、武器（如牙齿、爪子等），尤其是攻击性各方面的条件。一些真正可怕的动物实际上并没有那么好斗，它们通常会避开人类。鲨鱼就是一个很好的例子——它们很少会袭击人类，通常只是因为它们把人类误认为海豹。

以下是五种你应该尽量避开的动物：

**河马：**河马体重可达3.5吨，奔跑速度可达每小时18英里（约30千米/小时）。它们有巨大的牙齿，可以轻易地将人咬成两半。最糟糕的是，它们很危险——它们会攻击人类，尤其喜欢把船弄翻，然后咬乘客。据说河马是非洲最危险的大型动物，人们被河马咬死的概率很大。

**非洲水牛或好望角水牛：**在非洲杀死大多数人的另一种大型动物是水牛。它们极具攻击性，力量强大，速度极快，最高时速可达每小时35英里（56千米/小时）。年老的雄性水牛可重达900千克（2 000磅）或更重。大多猎手们把它们看得比其他所有的猎物都重要，并讲述狡猾水牛的故事。水牛会跟踪猎手们，把他们驱赶到树上。故事中它们还会用令人刺痛的尿液进行攻击，并对人们的尸体进行猛烈攻击。

**咸水鳄：**尽管人类很少会碰到咸水鳄或河口鳄——因此每年很少有人被它们杀死——但它们是非常可怕的生物。它们体形十分巨大——长度可达23英尺（7米），重量可超过1吨。它们在短距离内游泳和奔跑的速度都比马要快。它们极具攻击性，以任何东西为食，包括鲨鱼和水牛。它们的尾巴能折断猎物的腿和脊椎，它们的下颚能像打鸡蛋一样打碎头骨。它们会悄悄靠近猎物，然后像导弹一样跃出水面。

咸水鳄

**灰熊：** 灰熊的爪子长达15厘米，重达1 500磅（680千克），奔跑时速可达34英里（55千米/小时）。即使体形稍大一些的北极熊也害怕灰熊，因为它们有更强壮的肌肉、更密集的骨骼和更纯粹的力量。但最可怕的是，它们集攻击性和好奇心于一体——这对人类来说是致命的组合。

**西伯利亚虎：** 老虎作为猫科动物中体形最大的，配备着令人生畏的武器。它们的犬齿甚至比狮子的更大更长，它们的体形和力量意味着它们可以击倒比自己大得多的动物，它们还有巨大的、肌肉发达的前肢——一只爪子的攻击就可以立即杀死一只成年狼或大型鹿。老虎能游泳，跑得快，还能跃到10米高空中。它们甚至可以背着一整只鹿跳过6英尺（2米）多高的障碍物。西伯利亚虎是所有老虎中最大的，成年雄虎重达800磅（360千克）。众所周知，它们可以杀死并吃掉成年熊。然而，总的来说，老虎是害羞且不好斗的，只有当它们绝望或年老体衰而无法捕捉常规猎物时，它们才会吃人。

实际情况

大象也是世界上最具潜在危险性的动物之一，它们能够碾碎和杀死任何其他陆地动物，从犀牛、狮子到人类。据说，它们每年可能会杀死500人。

## ✷鲨鱼攻击的事实和数据

根据国际鲨鱼攻击档案，2006年全球共有62起鲨鱼袭击事件，其中只有4起是致命的。前几年的数据显示，这是相当平均的水平。

鲨鱼袭击最严重的地方是佛罗里达，这可能是因为那里水域中的人比其他任何地方都要多。

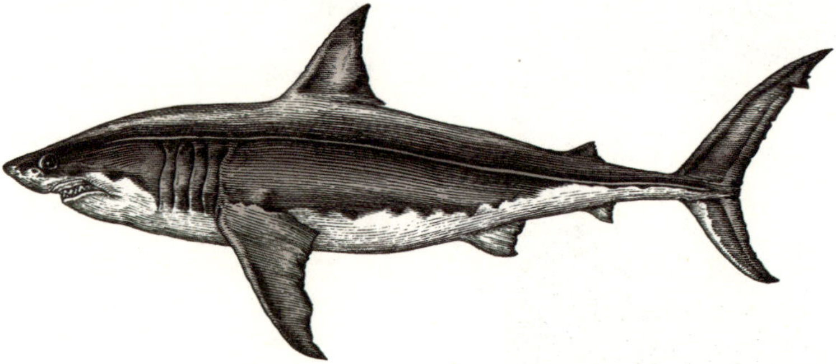

大白鲨常年在附近捕猎，它们是海洋中最著名的猎手，也是最凶残的猎手。1852年2月，英国“伯肯黑德号”在经过南非杭斯拜附近的海域时遇到暗礁，船员们弃船跳海后遭遇了大白鲨的攻击，死亡人数400多人，鲜血染红了海面。

## ✷ 美国鲨鱼和狗袭击事件

要正确看待鲨鱼攻击的数据，请将它们与狗攻击的数据进行比较。

| 年份 | 鲨鱼致命袭击的次数 | 狗致命袭击的次数 |
| --- | --- | --- |
| 2002 | 0 | 15 |
| 2003 | 1 | 26 |
| 2004 | 2 | 22 |
| 2005 | 1 | 28 |
| 2006 | 4 | 31 |

## ✷ 被鲨鱼袭击时要怎么做

如果你不幸被鲨鱼逼到绝路，那么你最好有个逃生计划。

**尽量保持静止：** 鲨鱼会被肢体动作和溅起的水花吸引。保持不动，运气好的话，它就会对你失去兴趣。

**找准攻击位置：**如果它离你太近，让你感到不舒服，那就瞄准一个易受攻击的位置。鼻子、眼睛和鳃是攻击的好目标。

**鲨鱼容易被血吸引：**它们灵敏的鼻子能嗅出25加仑（100升）水中的一滴血，还能嗅出0.25英里（0.4千米）外的血。所以，如果你想逃生，尽量不要让自己受伤。

## 5. 动物死亡竞赛

生物学中最重要的问题当然是，哪种动物最凶猛？通常大型食肉动物不会在野外相遇，因为它们已经进化到生活在不同的地区，但人类有时会让它们互相竞争。

### ✷ 狮子VS老虎

最大的老虎比狮子更大更壮，但它们不太习惯与其他大型猫科动物搏斗——老虎大多独居生活，而狮子则是群居动物。此外，老虎的典型攻击方法是在脖子后面致命一咬，但狮子有蓬松的鬃毛保护它们。来自马戏团的证据——罗马时代，马戏团里有死亡竞赛，而现在，动物们聚在一起表演时，偶尔还会打斗——结果证明狮子几乎总是赢家，除非老虎知道如何绕过狮子的鬃毛。

## ✷ 狮子VS灰熊

19世纪，加利福尼亚的淘金者让灰熊与公牛或狮子对决。灰熊轻而易举地赢了，它们一掌就把其他动物的脑袋拍得粉碎。灰熊有厚实的骨头和强壮有力的肌肉，而大型猫科动物则拥有轻巧的骨头和弹性肌肉，使它们灵活和快速。

## ✷ 金刚VS霸王龙

这是一场著名的动物终极死亡比赛——活下来的是怪兽大猩猩金刚，还是可怕的恐龙之王霸王龙？金刚高约25英尺（7.6米），拥有先进的灵长类动物大脑，超强的四肢，惊人的灵活性和平衡性，以及能抓握工具的手。霸王龙通常高约16英尺（5米），长43英尺（13米），有着巨大而又锋利的牙齿，是所有恐龙中咬合力最强的。

据《福布斯》杂志的一个专家小组称，金刚凭借其过人的智慧、力量和能力，会在这两个怪物的对决中胜出。这场战斗不会持续很久，因为金刚会直接跳到恐龙的背上，折断它的脖子。

霸王龙是白垩纪晚期处于食物链顶端的生物，也是体形最为粗壮的食肉恐龙。

## 6. 神奇的昆虫和节肢动物

昆虫属于动物界中一个名叫节肢动物的大类，这一大类还包括螃蟹、蜘蛛、虾和许多其他动物。节肢动物是迄今为止种类最多、数量最多的动物群体。以下是节肢动物世界中一些最奇怪、最野和最粗俗的例子。

### ✷ 跳跃的蝉

英国沫蝉是世界跳高冠军。它可以垂直跳起27.5英寸（70厘米）的高度，相当于一个人跳过70层楼的高度。

## ✷ 武装与危险

枪虾，或称鼓虾，有一对特别的螯。螯迅速合上时产生的压力，会产生足以杀死小鱼的冲击波，并打破6英尺（1.8米）远的玻璃。闭合时会产生称为“空化气泡”的微小气泡，这些气泡内爆的力量如此之大，以至于瞬间产生了与太阳表面一样热的温度。枪虾发出的噪音大到潜水艇经过它们活动的区域而不被发现。

## ✷ 超级虾——世界上最强大的动物

皮皮虾也有特殊的爪子，能以惊人的力量合上，但它用这些爪子直接粉碎敌人和猎物。它一只爪子上有一个长矛，另一只是用来击打东西的“撞击物”。这个撞击物能加速到高达10 400g*（4g让你感觉像坐过山车，而超过8g会让你失去意识），仅仅几毫米之内就几乎能立即达到约50英里/小时（80千米/小时）的速度——它可能是世界上最强大的动物。

* g：重力系数，即重力与质量的比值。——译者注

实际情况

在中国，皮皮虾是一道美味佳肴，它被用于一道叫作“濑尿虾”的菜肴之中，因为皮皮虾在放进锅里的时候会自己小便。

## ✷ 放屁甲虫

放屁甲虫的屁股上有炸药。它的上腹部有一个腔，里面存储着可以引发爆炸的化学混合物质。如此产生的滚烫液体可以喷射到捕食者身上，因为腹部可以旋转270度，它几乎可以从任何方向攻击侵略者。

实际情况

马铃薯甲虫幼虫有一个可怕的习惯：为了保护自己不受捕食者的伤害，它们用自己的有毒粪便来保护自己！毫不奇怪，这往往会阻止一些潜在的捕食者。

## ✷ 拳击蟹

拳击蟹，或称pom-pom蟹，每个爪子上长着一对带刺的海葵，像拳击手套或绒球一样来回摆动，因此而得名。

## 7. 有毒的植物

许多植物物种已经进化出毒素来抵御想要吃它们的动物。最毒的植物可能是蓖麻——它长出的豆类含有剧毒物质蓖麻毒素，仅一两种蓖麻毒素就能致人于死地。还有一种名为茄科的植物科，茄科含有生物碱，包括致命的茄属植物、曼陀罗、挂金灯和其他曼陀罗属植物。这些都可以入药，但剂量大的话是有毒的；仅仅三个茄属果实就能杀死一个孩子。

最毒的蘑菇可能是死亡帽，是致命白毒伞的一种，大多数都是有毒的。仅食用2盎司（50克）的死亡帽都可能是致命的。在所有因食用蘑菇而导致的死亡中，有一半是由死亡帽引起的，另外的50%中有45%是由白毒伞家族的其他成员引发的。

各种各样的蘑菇。

## 8.超自然宠物和聪明动物

动物可能比你想象得更聪明，有些动物甚至有特异功能。许多宠物主人发誓说，他们知道他们的宠物在想什么。人们经常列举出的一个证据是，狗知道自己的主人会什么时候回家，因为在它可能听到主人声音或闻到主人气味之前，就会变得非常兴奋。

### ✷托比，会思考的猪

在电视出现之前，人们不得不以其他方式进行娱乐。动物表演很受欢迎，但没有谁能像聪明猪托比一样多才多艺，它是19世纪早期的明星猪。据说托比会阅读、拼写、做数学题、打牌、报时，最令人惊讶的是，它还会读心术。它通过跺脚或用鼻子指东西来进行交流。1818年，托比成了名猪，甚至有人还出版了它的“自传”。托比是真的聪明，还拥有超能力吗？可能它只是受过良好的训练，能够从主人那里接收到告诉它该做什么的微小信号，而其他人却无法辨别。

## ✷ 聪明汉斯

在19世纪末20世纪初，一匹名为聪明汉斯（Clever Hans）的马赢得了德国人的喜爱，因为它能把数学问题的答案敲出来，并把问题转化成数字形式。后来心理学家称，他们已经证明汉斯并非真正理解这些问题，也不知道答案，它只是不停地敲打键盘，直到通过观察提问的人来推断出自己是否打出了正确的数字。

## ✷ 五大最聪明的动物

这张聪明动物的名单并不是官方的，但它代表了动物世界的智力范围：

黑猩猩和其他类人猿：黑猩猩是与人类最相近的动物，它们的智力几乎和小孩子差不多。黑猩猩和大猩猩都可以学习手语，它们还会寻求宠物，表达情感，甚至向人类驯兽师提出建议。

海豚和其他鲸类动物：宽吻海豚可以学习简单的句子，因此可以要求它做一些以前从未做过的事情，并能成功地完成任务。在野外，海豚会互相交流，形成复杂的社会群体，甚至拥有类似文化的东西。

**灰鹦鹉：**研究表明，非洲灰鹦鹉显然可以学习、理解1000多个单词，甚至将它们组合成新的句子。

**章鱼：**被认为是最聪明的无脊椎动物，章鱼的智力至少和普通的家猫一样。显然，章鱼可以通过改变颜色进行交流，它们可以记忆和学习（包括通过观察其他章鱼），可以弄清楚如何打开罐子和穿过迷宫，可以区分不同的形状、模型和颜色。它们如此聪明，甚至能想出离开水族馆的方法，还能闯入渔船的船舱，大吃螃蟹。

**皮皮虾：**即使是像皮皮虾这样小的东西似乎也表现出惊人的高智商。皮皮虾可以用身上的荧光灯互相发送信号，甚至可以和其他物种“交谈”。它们可以学习新的行为，还可以记住其他类别的虾。

巨型章鱼

# 第五章

# 奇特的人类

## 1. 我们之中必有怪胎

我们可能认为周围的世界很奇怪，但当我们停下来，盯着这个世界的怪异时，我们可能应该明白，人类本身就很奇特。即使是我们认为理所当然的人体日常功能，例如我们的感官，如果你停下来思考一下，也会发现它们确实令人惊叹。人体能够产生各种各样的体液；会被无数可怕的疾病击倒；也可能遭受一些罕见的突变。这仅仅是身体方面的，甚至还未深入到奇怪而又令人不安的人类意识世界，而它是无所不能的。

## 2.令人困惑的身体部位

有关人体的统计数据确实令人震惊。浏览下面精选的事实真相和数据，你可能永远不会以同样的方式来观察自己。

对人体细胞数量的预估差异很大，一部分是因为涉及的细胞数量太大，实际上不可能大到不可计数。据估计，人体大约有75万亿个细胞，也就是7 500 000 000 000个。

令人难以置信的是，肠道里的细菌细胞数量是你身体其他部分的10倍——大约750万亿。

**实际情况**

你便便里多达60%的固形物并非由食物组成，而是肠道里的细菌。

## ✷ 大脑的真相

成人大脑中大约有1 000亿个神经细胞，但照顾它们的支持细胞是神经细胞的十多倍。神经细胞彼此之间形成连接，这使得它们能够相互“交谈”。据估计，神经细胞之间有100万亿个连接，比亚马逊雨林的树叶还多。成年人平均每天失去大约10万个大脑神经细胞。在人的一生中，这些总和相当于失去了大约7%的大脑。

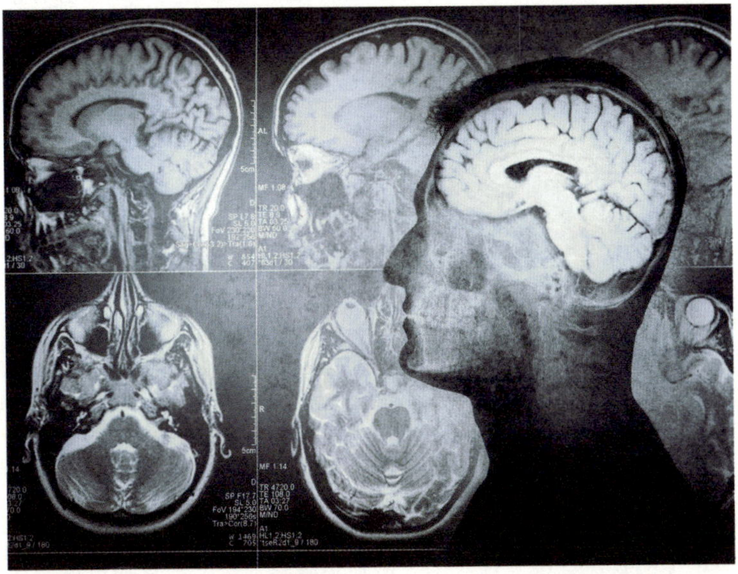

大脑是中枢神经系统的最高级部分，也是脑的主要部分。每一秒钟，人的大脑中进行着10万种不同的化学反应。

## ✷ 心脏和血液

人的一生中，心脏每天不休息地跳动大约10万次，也就是一生超过25亿次。

如果将一个孩子的血管首尾相连，其长度将超过6万英里（9.66万千米）；一个成年人要达到10万英里（16.1万千米）——相当于绕赤道4圈。

一个成年人的血液中含有超过25万亿个细胞。一滴血含有超过2.5亿个细胞。

每秒钟就有近300万个红细胞死亡（但不用担心，它们的更新速度是一样的）。

红细胞的平均寿命只有120天。在这段时间里，它将绕着身体旅行300英里（483千米）。

## ✷ 骨头、皮肤、头发和指甲

人的骨头和铁一样坚硬，但却比铁轻三倍。但是如果你把骨头浸泡在盐酸里一晚上，就会去除所有的矿物质，你就可以把它打成一个结。

白天，重力会对你产生压迫，你的脊椎就会压缩。当你晚上躺下睡觉时，脊椎会恢复到正常长度。这意味着第二天早上你可能会比前一天晚上高1英寸（2.5厘米）。

每20个人中就有一个人有多余的肋骨，这种情况出现在男性中的可能性是女性的三倍。

1平方英寸（6.5平方厘米）的人体皮肤有1 900万个细胞，60根毛发，90个皮脂腺，19英尺（5.8米）的血管和625个汗腺。如果是你前臂上的这一小块皮肤，那么上面就会有大约10 000个细菌；如果是你的腋窝，可能有100万个细菌。

手指甲的生长速度是脚趾甲的两到四倍。中指的指甲长得最快。如果你失去了一个脚指甲，大约需要6个月的时间才能完全长回来。

## ✷ 你已不是过去的你

你身体的大部分部位都在不断地循环，旧的细胞死亡，新的细胞取而代之。不同部位以不同的速度更新——成年人的皮肤大约每月更新一次，而成年人骨骼的10%~30%在一年内会更新。在三年的时间里，你身体里的几乎每一个细胞都被新的细胞所取代，使你成为一个与两年前完全不同的人。

## ✷ 精子

成年男性平均每分钟产生5万个精子，也就是每天7200万。单次男性射精就含有2亿个精子——理论上足以产生英国、法国和德国人口的总和。每个精子离开阴茎的速度是每秒8 000个身长，相当于一个人以34 000英里/小时（54 700千米/小时）的速度游泳。

## ✷ 可有可无的器官

机器和药物至少可以在一段时间内填补大部分缺失或功能失常的器官。然而，有一些器官你可以在不需要任何替换的情况下失去。

**阑尾：**与人们普遍认为的刚好相反，这个器官并不是完全无用的，因为它在免疫系统中发挥着作用，但许多人为了对抗阑尾炎而切除了它。

**胆囊：**这是一个制造胆汁的丑陋的小袋状器官，有助于消化，但是没有它你也可以生活，而且作为治疗胆结石的一部分，它经常被切除。

**肾脏：**你只需要一个肾脏就可以了，不过你需要特别注意你的饮食。

**脾：**这个器官帮助照看血细胞，是免疫系统的重要组成部分。你可以没有它，因为其他器官可以代替它，尽管这样会削弱你的免疫系统。

**肝脏：**这是人体最重要的器官之一，但它有自我再生的惊人能力，所以你可以切除75%，然后它会重新长出来。然而，要活到足够长的时间，你需要正规的重症监护。

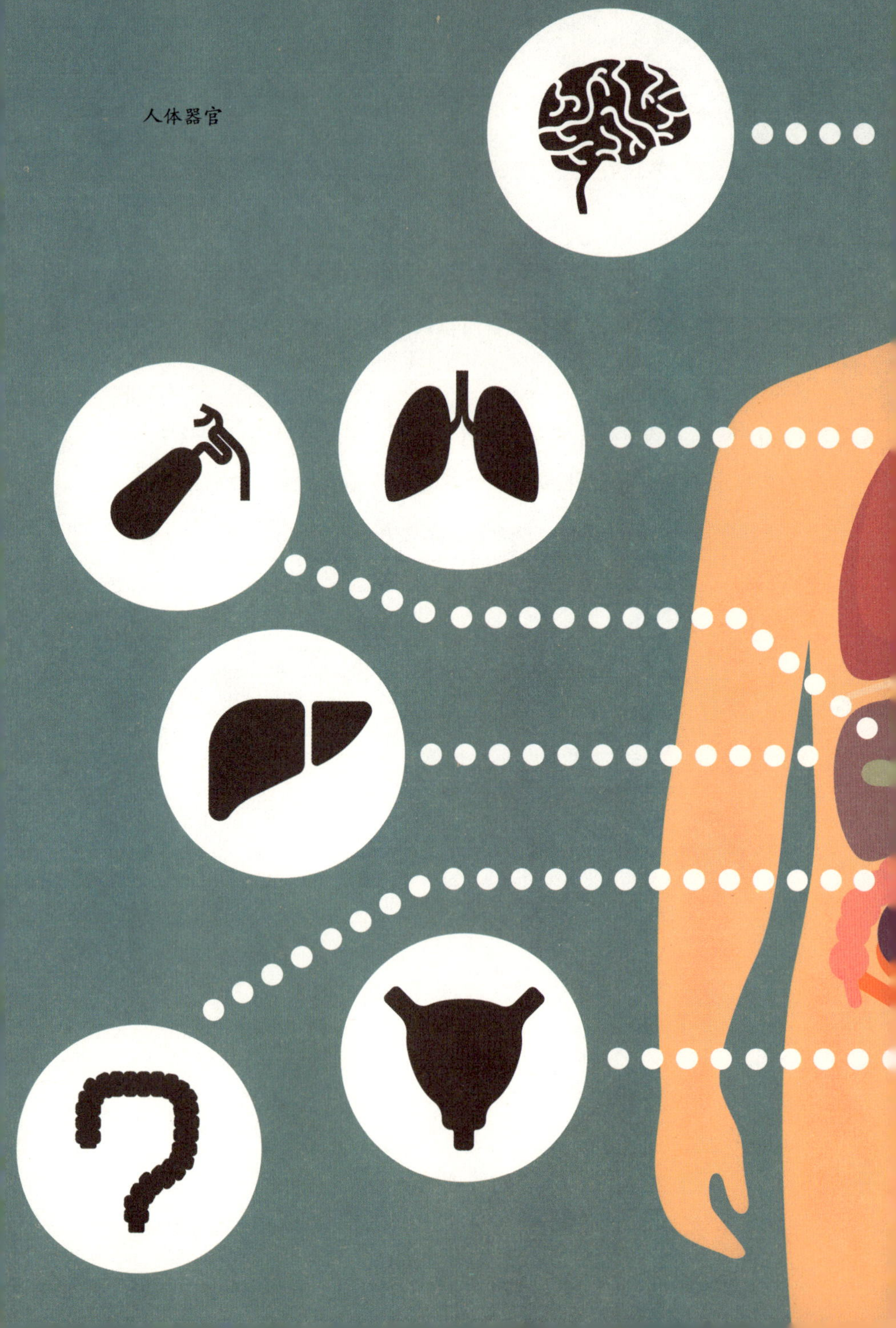

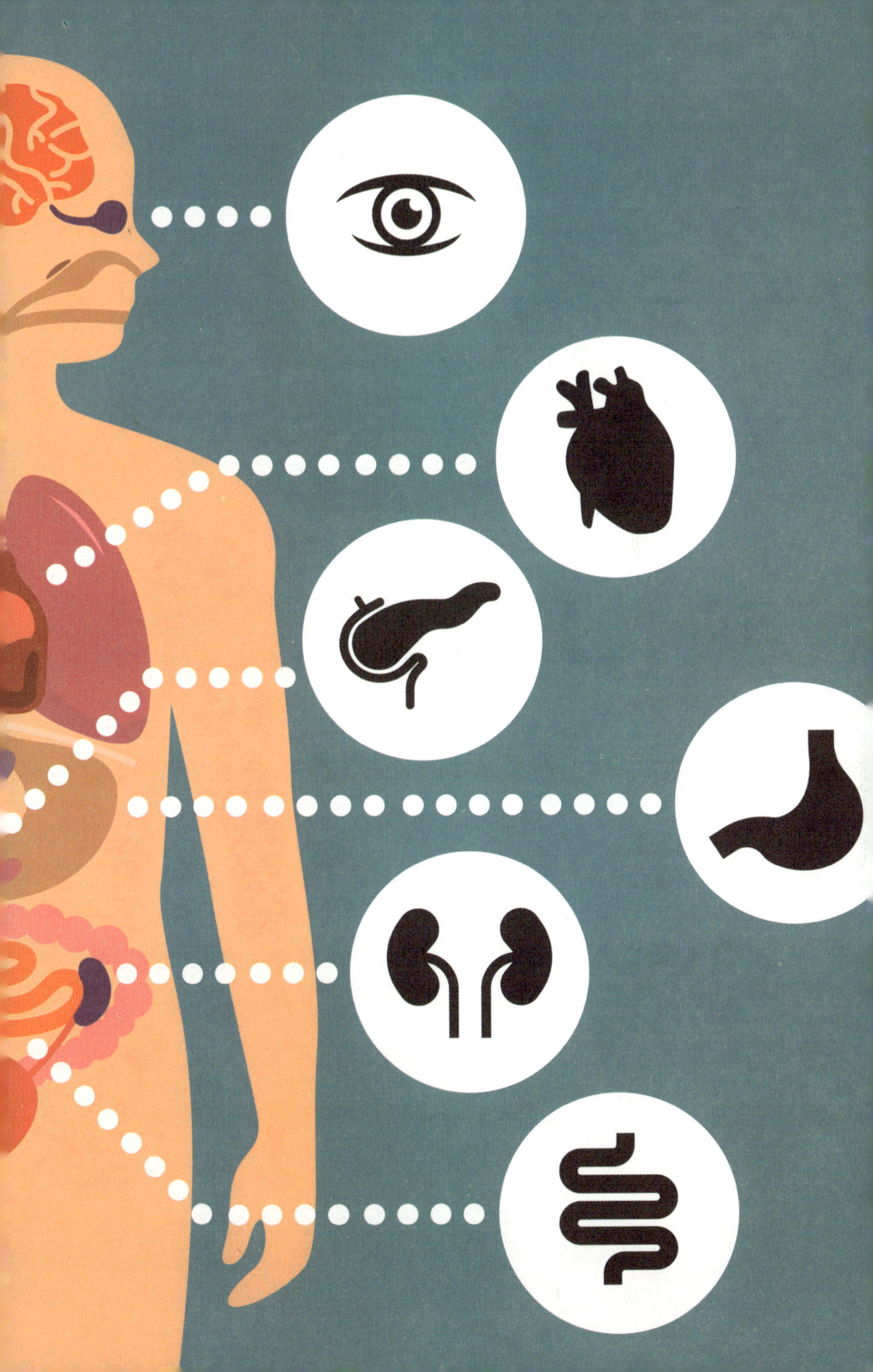

## 3. 惊人的感官

人类已经进化出一系列的感官来帮助我们在自然世界中行走。人们普遍认为只有五种感官，然而除了味觉、嗅觉、视觉、听觉和触觉之外，我们还拥有平衡感和本体感受（一种将身体各部分相关联的感官）。

### ✷ 嗅觉

你的鼻子里大约有500万个嗅觉细胞。它们使你的嗅觉比味觉灵敏一万倍。当你的嗅觉处于最佳状态时（随着年龄的增长，嗅觉会退化），你可以分辨出4~10 000种不同的气味。

## ✷视觉

视觉与眼睛后部的视网膜细胞相关。光线会照射到视杆细胞和视锥细胞上。视锥细胞是用来感知颜色的，而视杆细胞是用来感知光线和黑暗的。每个视网膜上大约有1.2亿个视杆细胞，但只有700万个视锥细胞。

视杆细胞对光的敏感度是视锥细胞的100倍，即使在黑暗中也能正常运作。这就是为什么在昏暗的光线下，你会觉得世界是灰色的。事实上，视杆细胞只要有一束光也能做出反应，一英里（1.6千米）外的烛光就能照到人眼。

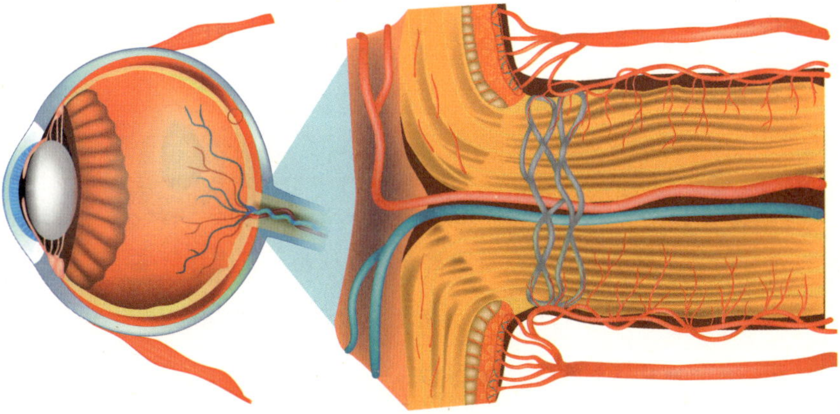

视觉神经系统示意图

## ✷触觉

每平方厘米的皮肤大约有200个痛觉感受器、15个压力感受器和7个温度感受器——6个低温感受器，1个高温感受器。

## ✷味觉

味蕾中的细胞大约每10小时更新一次，而整个味蕾的寿命一般约为10天。口腔中大约有10 000个味蕾。每个味蕾大约有50~100个感受细胞，这些细胞有微小的毛发，它们能够识别食物、饮料和空气中的味道分子。这些细胞中都有一个专门对五种基本味觉的其中之一做出反应。

**实际情况**

糖尿病会导致尿液中含糖量过高。在进行简单的血糖水平测试之前，医生会询问患者是否进食，以此获得更准确的诊断结果。

五种主要的味道

| 味道 | 物质＆食物 |
|---|---|
| 酸 | 氢离子；青柠、柠檬、罗望子 |
| 甜 | 碳水化合物；蔗糖（蔗糖）、果糖和一些氨基酸，如甘氨酸 |
| 苦 | 咖啡因（咖啡）；奎宁（奎宁水）；香蕉皮 |
| 咸 | 钠离子；食盐和含盐量高的食物 |
| 鲜 | 来自日语，意为“美味的”或“有肉味的”。富含蛋白质的食物和人造香料；肉、奶酪、蘑菇 |

## ✷ 听觉

声音是通过振动产生的，而振动是以频率来衡量的，频率的单位是赫兹（Hz）。人类可以听到20Hz到20 000Hz的声音（老鼠可以听到1 000Hz到50 000Hz的声音）。人类听觉最灵敏的范围是1 000Hz至4 000Hz。

分贝是一个对数单位，这意味着它是一个比率，而不是一个维度。这也意味着2分贝并不是1分贝声音的两倍大，而是大出一个数量级（即10倍）。

## 分贝水平和影响表

| 分贝水平 | 对人体的等效声音/效果 |
| --- | --- |
| -4~+4 | 3.3英尺（1米）处普通手表滴答声 |
| 0 | 10英尺（3米）外一只蚊子的嗡嗡声 |
| 40 | 一个人的低语声 |
| 60 | 正常对话 |
| 100 | 房子或汽车的音响调到最大音量 |
| 120~130 | 摇滚音乐会的前排 |
| 127 | 耳鸣（耳朵里的响声）引起的 |
| 140 | 即使是短暂的接触也会造成听力损伤 |
| 145 | 眼球振动，视线模糊 |
| 147 | 一级方程式赛车 |
| 150 | 世界卫生组织在音乐会上登记的声音 |
| 152 | 身体的振动使人痛苦；关节疼痛 |
| 153 | 喉咙的振动使吞咽变得不可能 |

续 表

| 分贝水平 | 对人体的等效声音/效果 |
| --- | --- |
| 154 | 声音大得能把气球戳破 |
| 165 | 喷气发动机起飞 |
| 172 | 声波使水蒸气凝结成雾 |
| 200 | 致命的 |

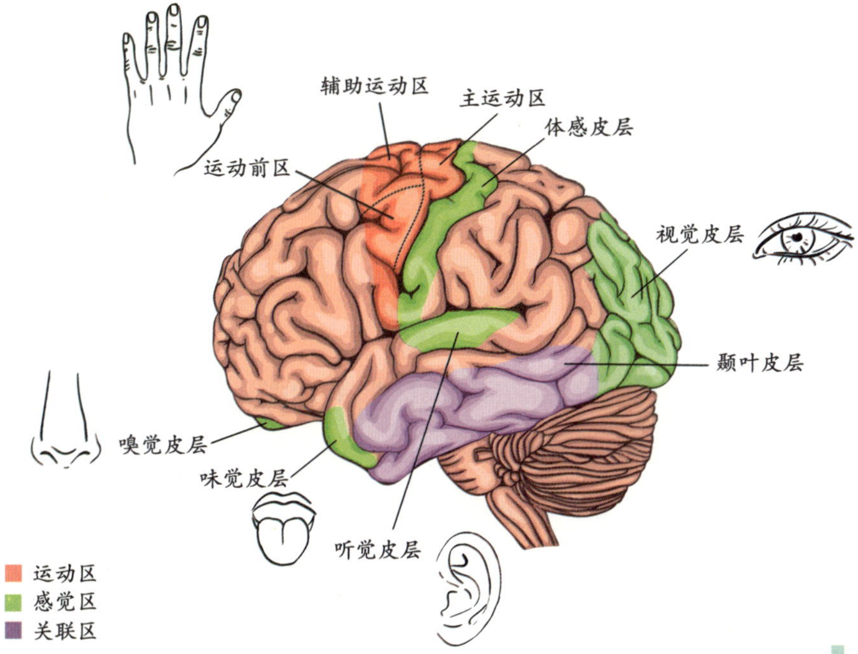


大脑皮层中“五感”的分区

## 4. 体液总量

人体会产生各种各样的分泌物。有些分泌物具有保护功能，如黏液。有些液体具有排泄功能，有助于清除新陈代谢的副产品，如尿液。血液等液体具有多种功能，它可以输送营养物质和废物，搬运免疫系统细胞和用于防御的凝血因子。

### ✷ 尿液

人体平均每天会产生约3品脱（1.4升）的尿液。尿是无菌的，所以你排出的尿实际上比你刚洗过的手更干净。这就是为什么尿是可以喝的，它甚至可以用作局部药膏——例如治疗水母蜇伤。你能坚持多久不排尿？一个正常成年人的膀胱几乎不能容纳超过3个品脱（320毫升）的尿液，当达到1/2品脱（280毫升）时就会有小便的冲动。超过一品脱（500毫升）会引起疼痛和强烈需要小便的冲动。

**实际情况**

在罗马时代，角斗士会用尿液刷牙，然后用尿液漱口。他们认为这对牙龈有好处。更令人惊奇的是，过去的女孩子常常为角斗士而疯狂，他们是那个时代的流行偶像。

### ✷ 唾液

大多数人每天会产生8品脱（3.8升）的唾液。它是由口腔周围的三组唾液腺产生的。这相当于人在平均寿命中会产生50 700品脱（24 000升）——足够填满几个大游泳池。

### ✷ 呕吐物

儿童的呕吐阈值比成人低得多。一个人呕吐常常会引发其他人的呕吐感。原因可能在于，早期人类，就像今天的猿类，习惯于群体出动，食物来自相同的树或食物原料，如果小组中有一个成员（因为食物的问题）生病了，其他人也会出现相同的现象。

然而，与其他动物相比，人类呕吐的次数相对较少。大的素食鲸鱼每7~10天就会呕吐一次，以帮助它们清除偶然吞下的不能吃的东西。狗不仅会经常呕吐，它们还会吃自己的呕吐物。然而，最喜欢呕吐的动物也许是牛，它们把本来不能吃的草反刍到嘴里，咀嚼一会儿，然后再吞下去——一遍又一遍！

**实际情况**

“呕吐恐惧症”指的是害怕呕吐，或者害怕和呕吐的人在一起。根据国际呕吐物恐惧症协会的调查，它是第五个最常见的恐惧症。

根据世界厕所组织（不用怀疑，是真的存在）的数据，一个人平均每天要上6~8次厕所，或者一年要上2500次，他或她一生中有三年的时间是坐在马桶上的。

## ✷ 鼻涕

鼻涕具有防御功能，比如防止细菌、灰尘和花粉吸入肺部。

每个人平均每天大约分泌1/2品脱（240毫升）的鼻涕。当你打喷嚏时，多达6品脱（约3升）的空气以每小时100英里（161千米/小时）的速度从你的肺里喷出来，与此同时还伴随着你携带的细菌。打喷嚏是感冒和流感等疾病在人群中传播的主要方式。

## ✷ 粪便

如果你把一个普通人一生中吃喝的时间加起来，也就是5年。这加起来相当于33吨的食物，相当于吃掉6头大象。

吃进去的必须排出来（嗯，有一部分。其中大部分是你通过出汗、呼吸和小便排出的水分，或者是你以二氧化碳的形式呼出的碳，而剩下的大部分则用于制造你身体的新部位，来取代旧的部位）。其结果是，在你的一生中，你会产生一堆汽车大小的粪便。

粪便会传播疾病，这就是为什么我们进化到闻到粪便的气味会恶心反胃。但许多动物似乎认为这是一种美味。吃便便的动物有耗子、老鼠、兔子、蜣螂、苍蝇、大猩猩和狗。狗特别喜欢猫屎。

## ✷胀气

每个人平均每天会产生约1品脱（0.5L）肠胃气（屁的专业术语），平均每天放14个屁。那些说他们不放屁的人是在撒谎，或者可能只是在睡觉的时候放屁，而没有意识到。

昆虫也成了人类的盘中餐。

## ✷ 令人难以置信的食物

不同的文化对食物有不同的态度，对什么是令人垂涎的一餐有不同的看法。

| 食物 | 地点 | 如何制作 |
|---|---|---|
| 卡苏马苏乳酪 | 撒丁岛 | 将奶酪放置在室外，然后苍蝇在上面产卵。蛆孵化出来，会在奶酪里钻。当它们又肥又胖的时候，岛民就会吃奶酪、蛆和所有的东西。这被称为卡苏马苏——“蛆奶酪” |
| 蝗虫 | 中国云南，撒哈拉沙漠，越南，泰国，美国纽约 | 中国云南省的哈尼族人民会为重要客人准备油炸蝗虫和熟鸡头。在撒哈拉沙漠，托瑞格人把蝗虫磨成“面粉”。在越南，它们被做成薄煎饼。在泰国，人们会吃剁碎的“蝗虫馅饼”。在纽约，罐装炸蝗虫甚至当作奇特酒吧小吃来卖，但在美国和欧洲的其他大多数西部城市，人们对炸蝗虫却很反感 |
| 蚂蚁 | 泰国 | 蚂蚁是酸性的，可以在做沙拉的时候替柠檬 |

续 表

| 食物 | 地点 | 如何制作 |
| --- | --- | --- |
| 水蝽 | 泰国 | 雌性水蝽看起来像一只蟑螂，将它浸泡在酱油里就成了当地的美味。水蝽美食家们将头和腿折断，把它的肚子放在牙齿之间撕咬，然后把腌制过的“肉”塞进嘴里 |
| 蟋蟀 | 尼日利亚，泰国 | 在尼日利亚，蟋蟀要放在火上烤，然后在吃之前要将内脏取出。泰国农民研究中心发现，蟋蟀比传统肉类提供的蛋白质要多得多。蟋蟀的蛋白质含量为五分之一，即100克蟋蟀的蛋白质含量为20.6克，而相同重量的牛肉为18.8克，猪肉为14.1克，鸡肉为20.2克，鸡蛋为12.7克 |

全世界的人都喜欢吃你可能觉得恶心的食物，昆虫和爬行动物尤其受欢迎。

| 食物 | 地点 | 如何制作 |
| --- | --- | --- |
| 有翼白蚁和肠蝇 | 加纳和南非 | 这些昆虫被油炸或烘烤，或制成面包。在南非，人们会和玉米粥一起吃 |
| 水蝇幼虫 | 日本 | 日本美食家喜欢用大豆和糖炒水蝇幼虫 |

续 表

| 食物 | 地点 | 如何制作 |
| --- | --- | --- |
| 蜻蜓 | 巴厘岛 | 蜻蜓加椰奶和姜蒜一起煮 |
| 狼蛛 | 中美洲 | 烤制 |
| 响尾蛇 | 美国得克萨斯州 | 每年3月，得克萨斯州斯威特沃特市的居民都会有一场围捕行动，猎杀每一条据说是世界上最大的响尾蛇。不幸的蛇会被杀死、剥皮、去内脏，然后被切成易处理的薄片，裹上面糊炸 |
| 鬣鳞蜥 | 墨西哥 | 在墨西哥的尤卡坦半岛，当地人喜欢吃“鬣鳞蜥墨西哥卷饼”，它是由“Gallina de Palo”制成的，意为“树鸡”。这些长达4英尺（1.2米）的大蜥蜴是在森林里甚至是在后院捕获的。它们尾巴上的肉才是珍贵的 |
| 短吻鳄 | 美国路易斯安那州 | 在路易斯安那州南部，鳄鱼肉串很受欢迎。肉串由几片涂有玉米粉面糊的鳄鱼尾肉制成 |
| 蛇 | 香港 | “蛇酒”是由蛇的胆汁制成的。在中国的其他地方，蛇酒实际上是一种“酒”，但瓶中有一条小蛇 |

## 5.疾病

地球上最致命的生物是那些能引发疾病的微生物。实际上它们是寄生虫，因为它们利用人体提供的资源，进行繁殖和传播（疾病是它们生长的一个副作用，因为它们消耗人体的营养物质、释放毒素，或者为了进出而破坏细胞）。

进化程度最高的微生物是那些最不致命的，比如普通的感冒病毒，因为一般来说，杀死喂养你的宿主在进化上并没什么意义。

### ✴ 几大最严重的人类疾病

以下说明不是官方的，但确实反映了一些可能发生在人类身上的可怕事件——尤其是在热带地区。

出血热：由埃博拉病毒、马尔堡病毒、汉坦病毒等病菌所引发的可怕疾病，模糊的早期症状为发烧、关节痛和乏力，后期发展为全身上下严重出血，以致血液会从每个孔流出，如眼睛和生殖器，最终会器官衰竭，免疫系统也会崩溃。其中一些病毒的死亡率极高，比如埃博拉-扎伊尔亚型病毒，这种病毒的临床病人病死率高达90%。

坏死性筋膜炎：这种疾病通常是由被称为“食肉细菌”的无害细菌引起的，它们会进入皮下软组织，迅速生长，然后释放出侵蚀皮肤的毒素。这种病毒扩散得很快，几天内就能摧毁拳头大小的器官和肉，主要的治疗方法是切除感染的肉，所以患者经常出现需要截肢或更严重的情况。即使接受了治疗，仍有四分之一的患者因此丧命。

包虫病：又称棘球蚴病，这是一种寄生虫感染。绦虫虫卵通过肠道进入人体，然后接近肾脏、肺、肝脏，在那里形成囊肿，囊肿内有成千上万的绦虫幼虫。它们可以长得足球一样大。当它们爆裂时，死亡基本上是不可避免的。

抑郁症：这听起来可能不像其他的疾病那么严重，但是重度抑郁通常是致命的，因为它会导致自杀——换句话说，它可怕到让人想要自杀。想象一下，你总是觉得一切都毫无希望，觉得自己一文不值、一无是处——这就是严重抑郁症的症状。

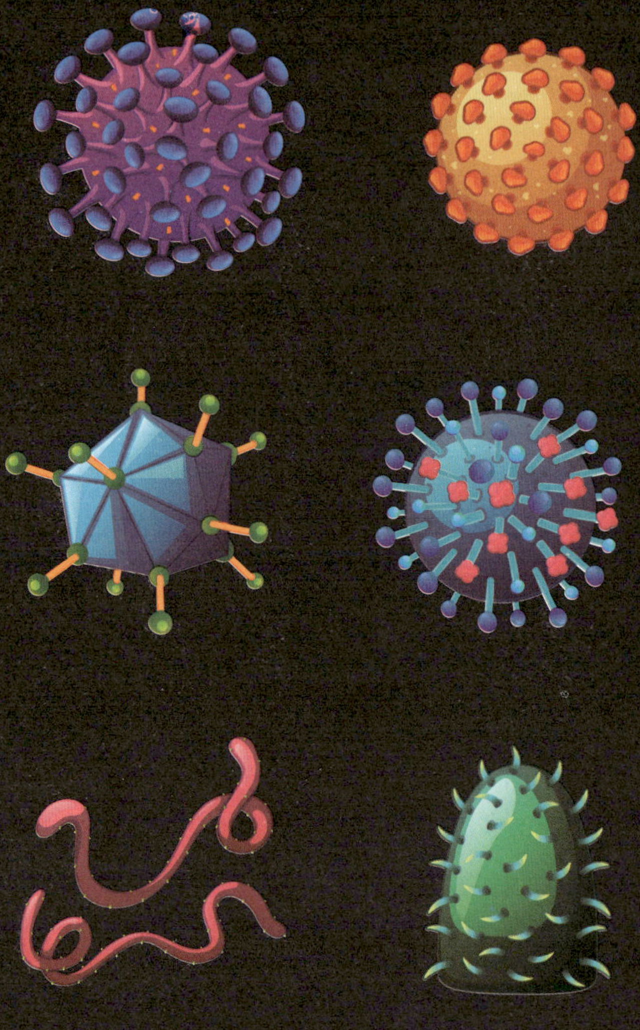

1976年，苏丹南部和刚果的埃博拉河地区爆发了一种新型烈性传染病。短时间内，该地区尸横遍野，有的家庭甚至无一幸免。该病以其死亡率高、发病快等特点引起医学界的广泛关注和重视，“埃博拉”由此而得名。因为其高致病力，埃博拉病毒被列为生物安全第四级病毒。

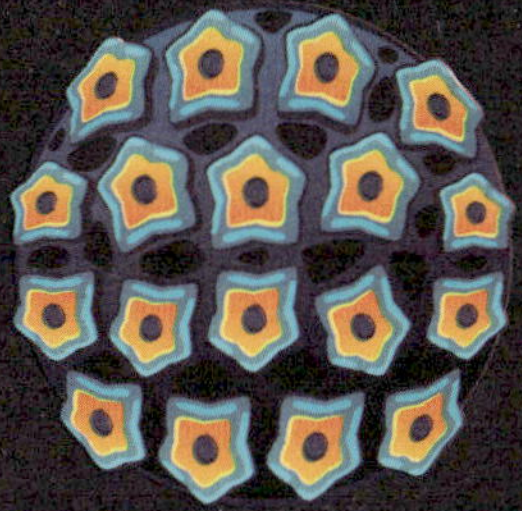

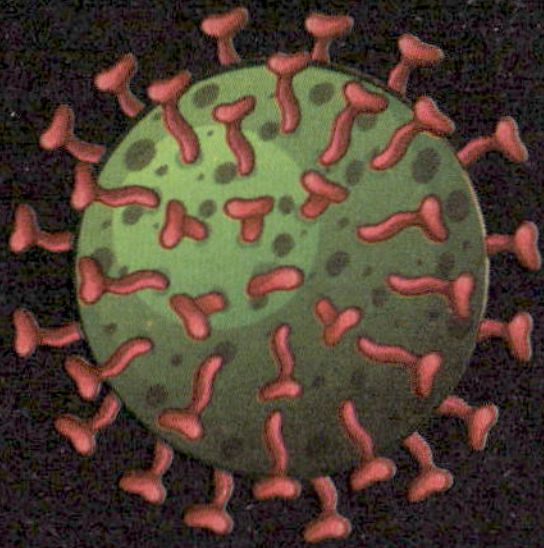

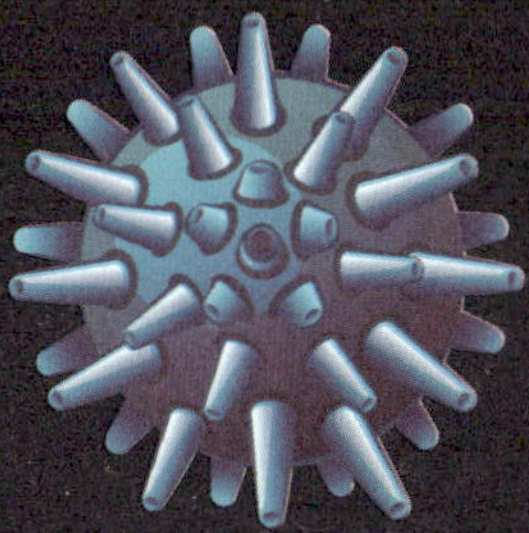

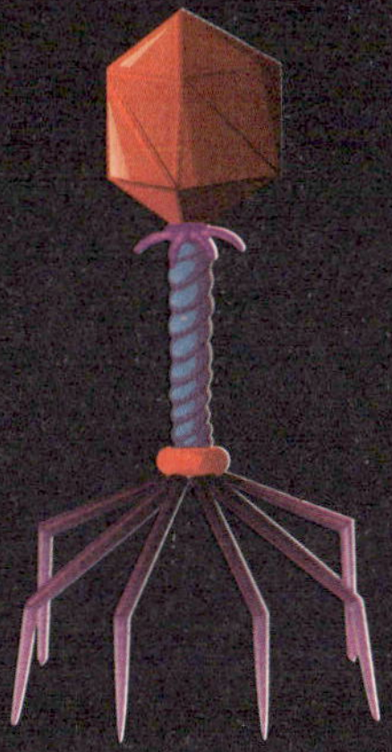

实际情况

如果普通的天花还不够严重，还有一种更为严重的天花病毒，它不会使皮肤起水疱，而是会让整个皮肤出血，然后全身变黑，包括眼睛。器官和身体内部也开始出血，就和出血热一样。死亡是不可避免的。

## 6. 睡觉和做梦

尽管每个人不一样，并且一生中需要的睡眠时间也会略有不同，但人类平均每晚需要6~8个小时的睡眠时间。

世界上最长的不睡觉记录是由美国一名高中生兰迪·加德纳创造的，他为了参加一个科学展览项目，连续264小时（11天）没有睡觉。然而，在这段时间里，他大部分时间都处于一种变换意识状态，这与清醒状态是完全不同的。

在动物世界中，睡眠时间差别很大，但一般来说，动物体形越大，需要的睡眠时间越少。长颈鹿每天大约睡2个小时，而蝙蝠每天可以睡20个小时。海洋哺乳动物需要保持清醒来呼吸，所以它们的大脑每次只有一半处于睡眠状态。

## ✷ 奇怪的梦

除了一些脑损伤的人，每个人都会做梦，尽管不是每个人都能记得自己做了梦。你平均每晚做梦的时间约为2个小时，这就相当于一个人一生中有6年的时间在做梦。大多数梦会持续5~20分钟，这意味着你平均每晚会做6~24个梦。

**实际情况**

梦游，又称梦游症，全球18%的人口都受此影响。人们在梦游时可以做各种事情，包括吃饭、洗澡和穿衣。有些实验对象甚至被记录下在梦游状态时开车或杀人。

## 7.梦的象征意义

有没有想过你的梦到底意味着什么？下面是一些常见的梦的主题和它们的含义。

| 梦的主题 | 含义 |
| --- | --- |
| 牙齿 | 如果牙齿掉了，这通常意味着做梦者很难让别人听到他或她的声音或受到认可 |
| 房子 | 象征着更大自我的一面。房子里不同的房间可以代表不同的方面，例如卧室可以代表自我潜意识的方面 |
| 飞翔 | 代表脱离肉体的自由，以及对自由和摆脱束缚的渴望 |
| 学校 | 关于学校的梦与你当前的“生活课程”有关。“梦到学校意味着你还没得到教训！” |

续 表

| 梦的主题 | 含义 |
| --- | --- |
| 车 | 象征实实在在的身体。有些细节可能很重要：例如，如果你是司机，这意味着你可以控制自己的生活；如果你是一名乘客，这可能意味着其他人试图接管你的生活 |
| 血 | 流血代表你失去能量和生命力。这种伤害甚至可以是自我折磨 |
| 电话 | 这是一个“信息”的象征，所以注意是谁在打电话，说了什么，以及电话是否有任何困难是很重要的 |
| 龙卷风 | 代表内心的混乱——“情感的旋风”。这是一个更有效地处理你的情绪和控制的信号 |
| 裸体 | 表示一种暴露或脆弱的感觉 |
| 水 | 通常代表“生命之海”，特别是当水以海洋的形式存在时。水也代表着情绪混乱 |

## 8. 意识状态的改变

睡眠和做梦可能是两种最常见的意识状态改变，但还有许多其他的，其中一些是十分常见的，几乎每个人都或多或少地经历过。

以下是十种最为常见的自然发生（即不需要药物、禁食、睡眠不足等）的状态。

时差体验：人们开车长途旅行，或者专注于其他有趣却单调的工作时，经常会过一段时间后“醒过来”，然后发现在他们还没有意识到的时候时间已悄然过去了。这是一种意识形态的改变，其特征是缺乏对时间和环境的意识，是一种“自动驾驶”模式。

似曾相识：曾经看到过、听到过或经历过新情况的感觉，可以视为意识改变的一种短暂状态。

清醒梦：意识到自己在做梦。做梦者意识到他们在做梦，甚至能够指导引或控制梦。

催眠：对某些受试者来说，有些类型的催眠会导致一种状态的改变，通常表现为放松、嗜睡、恍惚状态和高度暗示性。

偏头痛先兆：偏头痛患者通常会经历一段预示疼痛开始的神经症状，以幻觉为特征，包括能够看到人和物体周围的光环。

入睡痛：入睡时所经历的状态改变。特征是各种感官上生动而奇异的幻觉，特别是有一种坠落感，并且感觉到恐惧或邪恶的存在。大多数人一生中至少经历过或将会经历一次这种情况；很多人经常出现这种情况。

睡眠不足：醒来时经历的一种状态，类似于睡眠不足。可能伴有睡眠瘫痪，这种机制的存在就是阻止做梦者将他们的经历付诸行动，受试者无法动弹，经常感到胸部有压迫感。

出体体验：意识离开身体时的感觉，往往还能回头看看身体。“星光体”可能被限制在同一房间，也可能穿墙而行。

濒死体验：可能是由于大脑缺氧造成的。典型地将灵魂出窍的体验与生命回顾（生活经历在眼前闪现）相结合，沿着隧道行走或走向明亮的光，与存在或实体相遇，与死去的爱人相遇，有时甚至是“天堂之旅”。“当他们回到正常的意识状态时，受试者通常会感到他们的生活有了新的意义，并被这种体验改变了。”

颞叶癫痫：癫痫是由大脑中随机的电活动引起的（“脑风暴”）。如果这些发生在颞叶，它们可能不会引起身体症状（即没有抽搐），但它们会引起意识改变、幻象、幻觉、预感、奇怪的想法和超自然体验。

睡眠是人类不可缺少的一种生理现象。

## 9.异常的突变

许多人患有残疾或突变，使得他们衰弱而难以适应普通的社会生活。过去的几个世纪以来，展示自己供人娱乐成为他们唯一的谋生方式。

### ✴象人

这是人类基因异常突变而导致的最为著名的案例之一。他的真名是约瑟夫·麦里克（Joseph Merrick, 1862—1890），一位因面部和四肢残疾而被称为“象人”的英国男性。他的残疾在五岁时开始出现。1884年，他找了一份杂耍表演的工作，成为维多利亚上流社会的名人。

最初人们认为他患有象皮病（一种寄生虫病）或神经纤维瘤病（神经上的肿瘤），但在1986年，人们认为变形杆菌综合征与

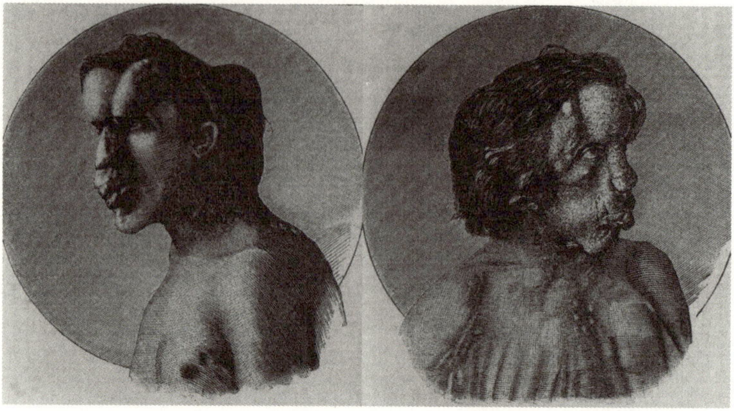

约瑟夫·麦里克被称为“象人”，患有先天性神经纤维瘤病。他的半身肖像于1886年发表在《英国医学杂志》上。

麦里克的症状密切相关。变形杆菌综合征是一种渐进性遗传疾病，儿童在出生时没有症状，但随着年龄的增长，组织和骨骼会生长出来。这些生长的严重程度和位置各不相同，但影响的区域通常包括头部、至少一个手臂和脚。至今还没有治愈这种疾病的方法。

## ✷毛人

有一种叫作先天性多毛症的疾病会导致患者全身上下长满毛发，包括前额、脸颊、鼻子等。如果任由他们的毛发生长，无论男女都会变成狼人模样。以前患有此症的人会因此而出名。

**倍德罗（Petrus Gonzales）：**第一个多毛症的记录实例。他于1556年出生在加那利群岛，后来成为法国国王亨利二世宫廷中的名人。他娶了一个正常女人，但有四个多毛的孩子。

**芭芭拉·乌尔塞林（Barbara Urselin）：**1629年出生于德国，芭芭拉·乌尔塞林以“多毛女佣”而闻名，她弹奏大键琴招揽欧洲各地的付费游客。

**多毛的巴纳姆一家：**1889年，美国马戏团表演者P.T.巴纳姆（P. T. Barnum）号称家庭中母亲和儿子脸上长着长长的毛发，看起来就像《星球大战》（*Star Wars*）电影里的“伍基人”。

**狗脸男孩乔-乔：**最出名的应该是狗脸男孩乔-乔，他的艺名是菲多·耶夫提切耶夫，他是一个俄罗斯人，他的父亲全身长满毛。可怜的菲多也在P. T.巴纳姆（P. T. Barnum）的马戏团里表演，有时还在围观的人群面前扮演一只狗。他至少有30年的时间是作为一个“怪物”进行演出的。

## ✴四足行走的家庭

2005年，人们发现生活在土耳其东南部库尔德村庄的乌拉斯家族的5个兄弟姐妹，可能是我们的四足祖先——他们用四肢行走。他们的走路方式被描述成“熊爬”，因为他们用手掌走路，腿在膝盖处略微弯曲，臀部高高地翘在空中——不像大猩猩或黑猩猩那样用指关节走路。他们可以在短时间内屈膝站立。科学家们认为，这个家族为我们提供了一个独特的视角，来了解早期人类在使用两足之前是如何生活的。

## ✷ 奇怪的杂耍

今天我们对“怪胎”这个词不以为然，但在第二次世界大战之前，杂耍——一连串的反常现象、奇才和怪胎——是一种非常流行的娱乐形式。杂耍之中是有等级之分的，其中“天生怪胎”（那些天生畸形或异常的人）等级最高，“人为怪胎”（通过文身，身体改造等让自己看起来像怪胎的人）处于中间等级，而那些吞火、吞剑表演的工作行为者则处于最低等级。

一些存在的畸形类型有：

白化病人

长胡子的女性

虫眼（那些可以随意将眼窝挖出来的人）

畸形人（如象人约瑟夫·麦里克）

小矮人

蜘蛛人（拥有多余的四肢）

怪才（吃活物，行为疯狂，或者有时思想很疯狂的人）

毛人

雌雄同体（兼有男性和女性特征的人）

有角的人（从头部或其他部位长出骨质的人）

脑积水患者（那些由于头部积水而导致头骨巨大的人）

活骷髅（四肢或身体特别瘦的人）

龙虾人（那些手像龙虾爪一样分成两半的人）

寄生双胞胎（部分连体双胞胎）

企鹅人（类似于海龟族）

针头（头骨比正常的要小，但脸是正常大小）

橡胶皮（那些可以不自然地拉伸皮肤的人）

海豹人（那些有细小的鳍状手臂的人）

暹罗连体（现在称为连体双胞胎）

六指和六趾的人

有尾巴的人

海龟族（前臂和手或小腿和脚很小的人，与海龟或乌龟的四肢形似）

# 第六章

# 奇特的文化

## 1. 人类社会的趋势

人类存在的几千年以来，不同的人类社会和文化衍生出一整套奇异而迷人的仪式和习俗。从保护死者，到制定违背常理的法律，再到遭受酷刑、处决，以及一些你能想象到的最不合适、最残暴的统治行为来控制历史的进程。如果你认为人类都是怪异的，那就等着看我们聚集在一起时能做些什么吧。

### ✷令人惊叹的古迹

古埃及、古印度、古希腊和古中国等人类文明通常被认为是文明的奠基者，它们的确在很多方面和我们当今的文明很相似。事实上，很多我们认为可能是现代世界的发明其实早在古代就已经存在了。

## ✷ 最古老的口香糖

瑞典的考古学家发现了一块有9 000年历史的桦树树脂，上面有牙齿的痕迹。这种黏稠的胶状汁液一定是被咀嚼过的，这使得它成为世界上最古老的口香糖。

## ✷ 人造埃及人

假肢是用来替代因受伤或疾病而失去的真实身体部分的人造肢体。一具3 000年前的木乃伊身上发现了一个人造大脚趾，脚上系着亚麻线，这证明埃及人早在我们之前就有了假肢。

## ✷ 头上的洞

“钻孔术”是在颅骨上钻孔的实践。它具有合法的医学价值，因为它可以减轻因头部受伤或内出血引起的脑肿胀对大脑的压力。令人惊讶的是，古老的头骨揭示了人类曾经在七千年前的石器时代就有了高度专业的医学研究。

古罗马壁画。富有的罗马男人躺在床上喝酒，年轻的奴隶手里拿着一个银盘和一只盛着酒的双耳瓶。

## ✷ 罗马出租车

从公元元年起，出租车就已经出现了——一辆有2 000年历史的马车在罗马被发掘出来，当时它被用作出租车。考古学家之所以知道那是一辆出租车是因为它有一个巧妙的计价器——每当后轮转一圈，一块鹅卵石就会掉进一个桶里。桶里石子的数量显示了马车走了多远，从而计算车费。

**实际情况**

古代中国是许多发明和技术进步的源泉，这些发明和技术至今仍在使用，包括书写系统、历法、火药、印刷术、丝绸、纸张和指南针。

## ✷ 木乃伊

“木乃伊”一词源于阿拉伯语“mumiyah”，意思是沥青或柏油（阿拉伯人认为木乃伊是用柏油来保存的，但事实并非如此）。按照这个简单配方，就可以自己制作古埃及式木乃伊。

先用锤子和凿子打开尸体的鼻子，进入头骨。

用鱼钩穿过这个洞，转动直到大脑液化，把脑浆从鼻子里倒出来。

在腹部左侧切一个小口，切除肝、胃、肾、肺和肠。把心脏放在原处。将取出来的器官放在罐子里，留到以后用。

用棕榈酒清洗尸体，有助于消毒和防腐。如果你没有棕榈酒，用醋也可以。

将用亚麻布包裹的钠盐块填入尸体的空腔中，它可以吸收水分，帮助尸体干燥，用泡碱覆盖尸体外部。

放置几天直到完全干透。

刷去泡碱，用金属板封闭腹壁切口。

用亚麻布绷带包裹尸体。为了保证死后不被打扰，巫师在亚麻布上写上咒语，再裹上一些包装纸。

将树脂和乳香、没药（中药名）一起加热，然后用这个封好绷带，重复使用包装纸和树脂几次。

用护身符装饰木乃伊。

将木乃伊放置在一个木棺里，封上棺盖，然后放到石棺里。如果特别富裕的话，可以在木棺和石棺之间放置一个铅制石棺。

埋葬在有着精美壁画和象形文字装饰的石刻坟墓中。周围放置装有取出器官的罐子，还有各种各样的陪葬品，如船模型和用贵重金属制成的容器。在被重新发现和放置在博物馆展览之前，它已经放置了3000~3500年。另外，诅咒是可选择的。

古埃及新国王时期的第十八代长老图坦卡蒙墓中的壁画。古埃及人将人类的死亡看成是到另一个世界“生活”的继续，因此他们热衷于制作干尸，等待灵魂的回归。

**实际情况**

中世纪，作为药物的木乃伊变得非常流行。起初，浸满树脂的绷带被认为是有益健康的，但最后，整具木乃伊、骨头、肉和所有的东西都被碾碎，卖给愿意吃的人！

## 2. 中世纪酷刑

在中世纪，通过酷刑获得的证据在法庭上是被认可的；事实上，如果不是通过酷刑获得的证据，有时会被认为是不可信的。其结果之一是酷刑激增，许多酷刑集中用在脚、手或手指上，因为这样可以一直对囚犯实施刑罚而不会危及生命。

一些中世纪的酷刑

| 刑罚类型 | 代表意义 |
| --- | --- |
| 打脚掌 | 用棒子或棍子敲打脚底 |
| 水刑 | 受刑者被绑在木板上，头朝下投入水中，直到濒临死亡 |
| 水疗法 | 夹住受刑者的鼻孔，喉咙中插入漏斗。受刑者就被迫吞下大量的水或更脏的液体。胃装不下，就会引起强烈的疼痛和呕吐 |

续 表

| 刑罚类型 | 代表意义 |
| --- | --- |
| 剥甲 | 拔掉手指甲或脚指甲。德国的猎巫者们首先会用粗糙的木头串成一串，上面撒满硫黄，然后把受刑者的指甲从甲床上撬下来 |
| 烤脚 | 受刑者被木桩或木框固定住，给赤裸的脚掌涂上猪油或油，放在明火上烤。随着不断的折磨，脚会被烤焦、裂开，肉和骨头的碎片会掉下来 |
| 绳人 | 用一根绳子或绳索缠绕在受刑者的手臂上，然后对绳索的另一端施加极大的压力，这样受刑者就能像在架子上一样被拉抻，绳索就能穿过手臂的肉 |
| 沥青帽 | 碗或帽子里倒入滚烫的沥青，然后倒扣在受刑者的头上，这会使头皮沸腾。当帽子被扯下来的时候，受刑者的头皮也被扯下来了 |

## ✷ 别出心裁的刽子手

纵观历史，人们想出了许多奇特的方法来处死罪犯。比如下面这些：

窒息

砍头

火刑柱

铜牛（一种用青铜制成的空心牛，囚犯会在里面被烤死）

在轮子上碾死（被绑在轮子上，四肢被锤子反复砸碎，然后慢慢死去）

活活煮死

活埋

钉在十字架上

被大象踩死

被重物碾死

千刀万剐而死

被动物吃掉

剖腹

肢解

溺死

电刑

放血（失血过多而亡）

赐死

剥皮（皮肤）

绞死（用铁丝勒死）

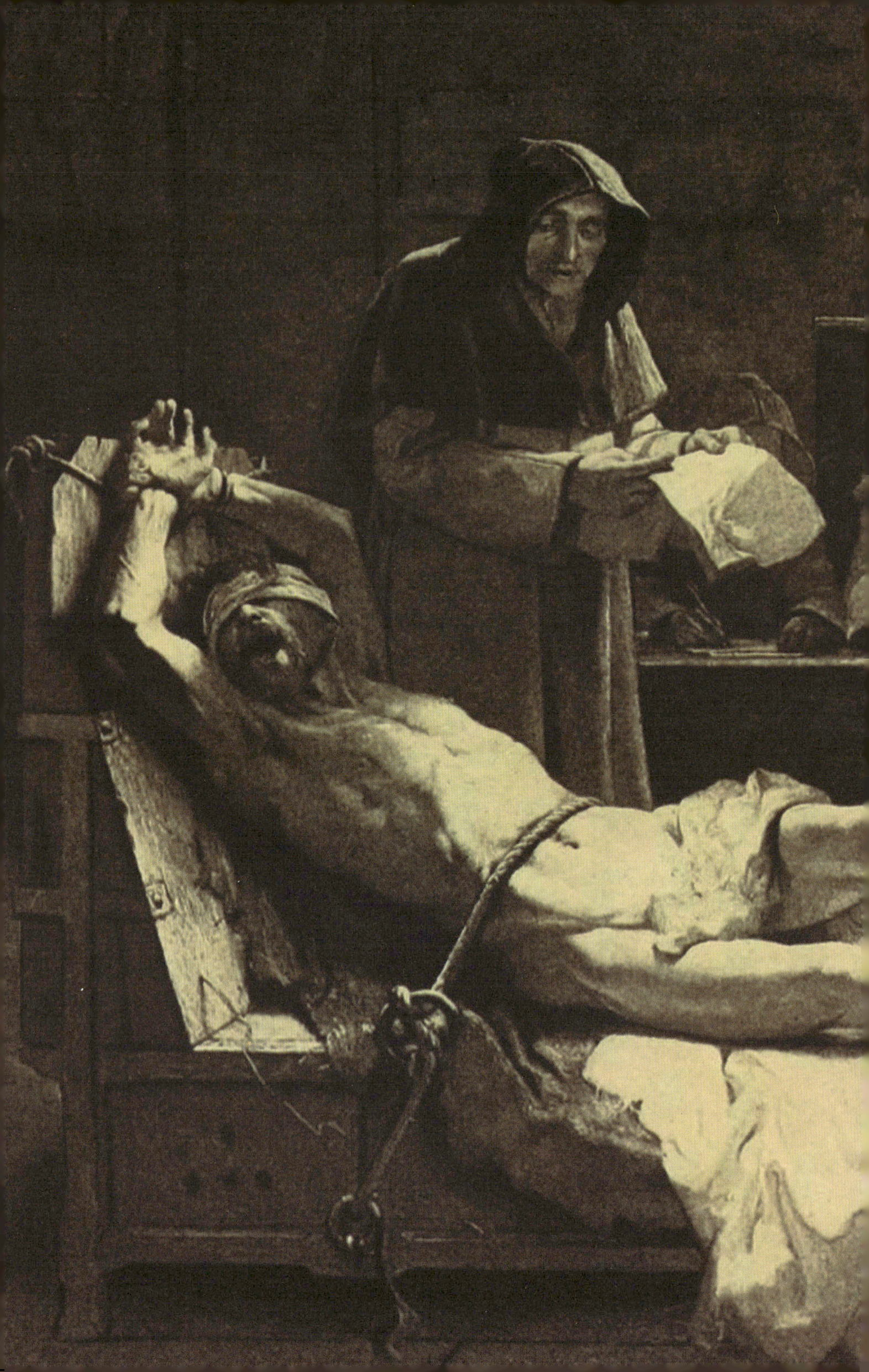

西班牙宗教裁判所的受害者，
在法庭上被折磨而死。

毒气攻击

断头台斩首

绞刑和分尸刑（拖到木框上，短时间内用脖子挂在上面，然后开膛破肚，烧内脏，砍头，将身体分成四部分）

刺刑

注射死刑

毒死

有毒的动物咬伤

饿死

石刑

五马分尸

马踏刑

**实际情况**

圣殿骑士团是一个在14世纪早期被指控犯有各种可怕罪行的骑士团。为了搜集对付他们的证据，许多人遭到严刑拷打，而烤脚是审讯官最喜欢的方法。一位骑士反抗了很久，在严刑拷打之下表现得如此勇敢，以至于后来有人给了他一个袋子，里面装着他在烤脚酷刑中掉下来的脚骨。

米菲利茨于1844年在巴黎某杂志上发表的圣殿骑士老插图。1307年10月13日，星期五，全法国的圣殿骑士团成员几乎都被逮捕，并被限制使用任何财产，这便是传说中“黑色星期五”的由来之一。

## 3. 时尚狂潮

每一代人都有自己怪异的时尚流行趋势，有“新造型”和“最新款式”，但事实上，世界上几乎没有什么新东西。历史提供了许多奇怪的、有趣的、令人不悦的，或者仅仅是不可思议的趋势、时尚和习惯。

### ✴ 遮羞布

在中世纪晚期的男装中，用一块布遮盖“鳕鱼”或生殖器是很有必要的，因为男士的裤管（腿上的覆盖物）要么在胯部是敞开的，要么太紧太贴身，而时尚则要求紧身上衣或夹克的底边要逐渐变短。为了维护绅士的尊严，引入了遮羞布（也被称为门襟）。起初它只是一块布，但后来它被做成了一个带软垫的袋子，可以当作钱包来装硬币和鼻烟。亨利八世的遮羞布里可能塞满了提供持续治疗的抗梅毒药物。

实际情况

没有痛苦，就没有收获——一些维多利亚时代的女性为了追求沙漏形身材，穿的紧身胸衣紧得都能勒断肋骨。

## ✷ 颈部拉伸

非洲和东南亚的部落流行使用铜环进行身体装饰。他们从孩童时期就开始在脖子上戴着黄铜环或铜线圈，然后逐渐增加数量，这样随着时间的推移，他们的脖子就被拉长了，看起来就像长颈鹿的脖子。医学专家认为，实际上是铜环的重量和压力使得锁骨和胸部的其他骨骼变形、收缩，让颈部看起来更长。

## ✷ 苍白的皮肤

在大多数文化中，财富和地位这些可见的象征都受到高度重视。在某些文化中，肤色就是一个象征，这与你的空余时间和工

泰国北部卡伦长颈山的部落木偶。据说最早这种项圈是用来防止女人的颈部不至于被老虎咬断，也有人认为，这种看上去有点残酷的习俗不过是为了炫富而已。由于该部落历史失传，至今无人能说出这一奇怪习俗的真正起源。

作量有关。在前工业时代，穷人必须在地里劳作，暴露在阳光下，而富人和有权有势的人可以待在室内；因此，苍白的皮肤象征着高贵的地位。女性为了变得更苍白，她们会使用一系列的治疗手段和化妆品，包括食用白垩、粉末铅、氧化铅，甚至醋。不幸的是，含铅的化妆品是有毒的，可能会导致严重的精神问题。

## ✴ 尖头鞋

今天，许多女鞋都有尖尖的鞋尖，但在过去，男鞋的鞋尖却尖得出奇。在中东地区，名为裂缝鞋或麂皮鞋的鞋子脚趾部分长达24英寸（60厘米），会用鲸须支撑和填充物加固。高跟鞋在过去也很受男性的欢迎，尤其是在17世纪路易十四统治时期的法国，路易十四穿高跟鞋是为了弥补他的矮小身材。也许最不舒服的鞋子是中国妇女裹脚穿的鞋子。年轻女孩的脚被布裹得紧紧的，这样骨头就会断裂并压缩，形成一个被压扁的小脚形状，就像莲花一样。

路易十四与女贵族画像。路易十四脚上穿的正是当时最为流行的高跟鞋。

## 4. 世界上最奇怪的法律

许多独特的法律是因为未能将旧立法从成文法中删除，但有些法律令人感到讳莫如深。

| 地点 | 法律条款 |
|---|---|
| 美国阿拉斯加州 | 把一只活的驼鹿推出正在飞行的飞机是一种违法行为 |
| 美国新泽西州 | 杀人时穿防弹背心是违法的 |
| 美国万宝路，马萨诸塞州 | 在城里引爆核装置是犯法的 |
| 美国罗德岛州 | 咬掉别人的腿是违法的 |
| 美国路易斯安那州 | 在公共场所漱口是违法的 |
| 美国新奥尔良 | 妇女开车是违法的，除非她的丈夫在车前挥舞旗帜 |

续　表

| 地点 | 法律条款 |
| --- | --- |
| 法国 | 给猪起名为拿破仑是违法的 |
| 英国伦敦 | 根据法律规定，出租车必须载运一捆干草和一袋燕麦 |
| 美国佐治亚州 | 把长颈鹿绑在电线杆上是违法的 |
| 美国肯塔基州 | 每个公民每年至少要洗一次澡 |
| 美国俄勒冈州 | 熊从种植园的树上刮下树皮来获取树液是违法的，这种行为的惩罚是死刑 |

## 5. 世界上最奇怪的节日和假日

人们喜欢聚会，但是世界各地庆祝的有些节日和假日是十分特别的。

| 节日 | 地点 | 事件 |
|---|---|---|
| 素食节 | 泰国普吉岛 | 人们以素食来净化自己，但更引人注目的是，当为期三天的游行中，当队伍穿过街道时，他们会用竹签、刀、剑、木桩等几乎任何东西刺穿自己的身体，以此来证明自己的虔诚和信奉 |
| 胡里节 | 印度 | 人们一边歇斯底里地笑着，一边吹着颜料管，把一桶桶的颜料倒在路人的头上 |

续 表

| 节日 | 地点 | 事件 |
| --- | --- | --- |
| 疯狂泥浆节 | 美国亚利桑那州斯科茨代尔 | 鼓励孩子们在泥浆中翻滚，扔出了24万磅（10.9万千克）的泥巴 |
| 番茄大战 | 西班牙一年一度 | 为了庆祝番茄的丰收，小镇上演了世界上最大的番茄大战 |
| 巴塔利亚·德拉·阿朗斯（橙子之战） | 意大利艾芙瑞亚 | 这场狂欢节的目的是重现一场历史性的叛乱，其中包括一场大规模的橙子大战，在这场大战中，没有戴红帽子的人成了其他人的目标 |
| 滚奶酪 | 英国格洛斯特郡库珀山 | 参赛者要比赛看谁能把一大块圆形奶酪滚到陡峭的山脚下。赛道只有900英尺（275米）长，但坡度却为2：1。由于很难稳住双脚，很多选手最后都会扭伤或骨折 |
| 罐头猪肉节 | 美国得克萨斯州奥斯汀市 | 一个庆祝罐头猪肉（罐装猪肉）的节日，有罐头猪肉烹饪大赛，吃罐头猪肉比赛、掷罐头猪肉比赛，和一场在罐头猪肉果冻上进行的拔河比赛 |

# 第七章

# 未来世界

人类总是喜欢憧憬未来的美好世界，到处都是了不起的发明，这些发明改变了我们的生活方式，同时让事情变得更加方便快捷。当然，我们身边的一些发明也确实很无厘头。多年以来，在一次又一次的技术失误之中，人类依然坚持不懈地努力着，努力创造出人类梦寐以求的、科幻小说中所描绘的发明。或许飞行汽车从我们电视屏幕前飞过，俯冲进汽车修理厂只是时间问题而已。

## 1. 无厘头的发明

人类具有创新精神，也就涌现了众多“发明家”。他们坚信自己能创造出几十年来最不可思议的、人们生活中所缺少的发明。结果，世界上就出现了一大批无厘头的发明。

**寿命预计表：**这个小发明是美国2002年发布的专利。它会从你的最终死亡日期开始倒数。你可以通过回答一系列关于个人生活方式的问题（比如运动情况、饮食习惯、是否烟酒等），来设定这个表。设定以后，你在地球上剩下的时间会清楚地呈现出来。当死亡即将来临前，还会有个闹钟来提醒你，免得你会忘记自己的末日。

**电动冰淇淋机：**这是美国于1999年发布的专利。有了这个机器，就意味着你花费宝贵的精力来吃冰淇淋的时代终于结束了！只需按机器旁边的开关键，冰淇凌就会自动旋转，你所需要做的仅仅是伸出舌头。

**摩托车安全气囊：**这是美国于1989年发布的专利。这款全身式安全气囊（时尚必备款式）的设计能在事故中起到缓冲的作用，以达到保护摩托车手的目的。当人从车上强力弹出时，这个安全气囊会充满压缩气体，直到它包裹住你的头部、手臂、腿部，给你一个相对安全的“软着陆”。

**马桶通气管：**这是美国于1982年发布的专利。在大多数的火灾事故中，烟雾会让你窒息，而新鲜的空气就是一根救命稻草。所以，这个发明应运而生——在你的马桶上安装一根蜿蜒曲折的通气管，这样在发生火灾时你就可以呼吸到下水道中的空气，而不是致命的浓烟。

**宠物皮特：**这是美国于1982年发布的专利。有些宠物需要格外的关爱。如果你没有时间去宠爱你的宠物，那么宠物皮特可以做到。它的电子眼会锁定你的宠物，并像电动马达一样发出信号，让它摆动拥有人形手的手臂。

电钓：有些人认为钓鱼是一种爱好和技能。但如果你没有时间和耐心用传统的方式钓鱼，那么现在你可以来到你最爱的钓鱼点，再将电极投入水中——电源接通后，1000伏的电流将直接涌向鱼群。鱼儿会直接浮在水面上，不需要你努力就能把鱼带回家，这比用鱼钩钓鱼容易得多。不过你最好要记住，电和水是相当危险的组合。

**实际情况**

托马斯·爱迪生一生中申请了1093项专利，其中包括灯泡、电气铁路、电影摄影机等。1931年，爱迪生去世，当时他拥有34项电话专利、141项电池专利、150项电报专利、389项电灯以及电力专利。

## 2. 未来食物

质子药丸是美国卡通系列中的领导人物——罗杰·拉姆杰特（Roger Ramjet）的“秘密武器”。仅一颗质子药丸，就能在20秒内产生20个原子爆发的能量。

虽然目前我们并没有用合成食品来代替食物，但营养界已经有很多奇特的新发明不断出现。人类摄入的食物最终将由营养替代品所取代，这是大家对未来的期待——比如能量棒、减肥奶昔或是食物药丸。你所需要的物质和能量，都浓缩在一粒小小的药丸里。

然而如此简单便捷的食物药丸并没有在我们的现代社会上流行起来，也许在人们看来，用药丸来代替周末烤肉的想法，实际上并没有足够的吸引力。

## 3. 太空中的食物

在零重力的状态下绕地球运行之时，宇航员时刻面临着艰难的选择：到底是吃一口大小方块状的可食用凝胶，还是从牙膏管中挤出来的半液态食物泥。

现代第一个类似食物药丸的发明是给宇航员准备的。在20世纪60年代早期，美国国家航空航天局（NASA）与顶尖食品企业达成协议，希望以创新的方式，为执行长期任务的宇航员提供食物。这就是“食物的能量”——一顿营养全面的冻干食物。在食用时，宇航员需要在太空中先对食物进行水合作用，再用吸管食用。

## 4. 其他奇特的食物

荷马洛·坎图（Homaro Cantu）——一位优秀的主厨，将未来的发明引入到芝加哥一家名为Moto的饭店中：他通过对佳能i560喷墨打印机的改良，然后用可食用的纸张，打印出一份“有味道的照片”。

这种打印机的墨盒里是混合了食物基底的“墨水”，这些“墨水”由胡萝卜、番茄和紫薯的汁液混合而成。打印机的托盘上，则是用大豆和土豆淀粉薄片做成的“纸片”。打印后的成品浸在脱水的酱油、果汁、糖、蔬菜和酸奶粉末中，然后进行冷冻、烤制或者油炸，然后就成为一份风味独特的食物了。

除此之外，还有一些奇特的食物：

蝎子太妃糖（不用担心，蝎子刺已经被拿掉了）；

龙舌兰风味的蠕虫棒棒糖；

裹着巧克力的蟋蟀；

水果味的蝴蝶糖（蝴蝶翅膀由花瓣制成，但中间真的有个昆虫蛹）；

装在糖果里的可食用蚂蚁农场；

烧烤味的蠕虫。

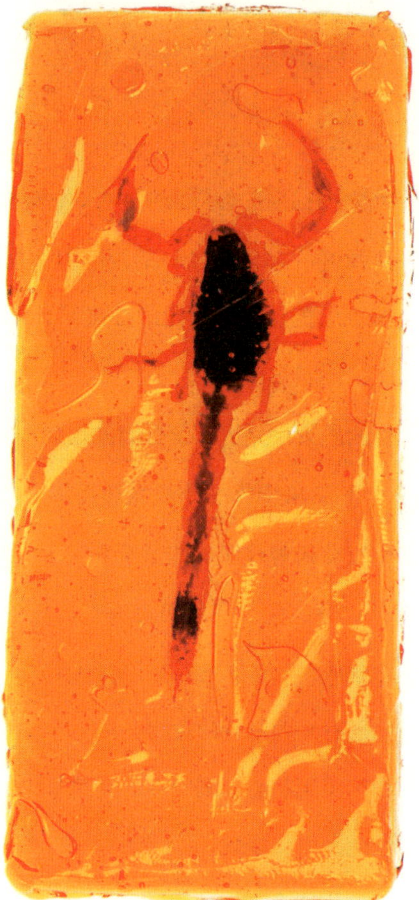

被用来招待客人的蝎子糖。

## 5. 可以在自动贩卖机上购买的东西

据统计，平均每23个人里，就有一个人使用过自动贩卖机。

日本是使用自动贩卖机次数最高的国家。日本第一台自动贩卖机是木制的，只售卖邮票和明信片。这是一个利润丰厚的行业——从1999年有记录以来，这个售卖卡片的日本自动贩卖机大约收到了560万个硬币，总销售额高达532.8亿美元。

如今的自动贩卖机不再只售卖软饮料和块状糖果，你可以从世界各地的自动贩卖机上购买到种类丰富的商品。

**实际情况**

第一台自动贩卖机是亚历山大的希罗（Hero，也被称作“英雄”）在公元前215年发明的。当硬币投入挡板，硬币的重量会从管道拉出木塞，机器会释放出细细的水流。这就是世界上第一台售水机。

一些特别的自动贩卖机

| 类别 | 产品 |
| --- | --- |
| 食品&饮料 | 新鲜农场鸡蛋；新鲜蔬菜；油炸食品；薯条；饺子；热狗；活虾；冰淇凌；大米；干冰；小酒馆（一种酒精饮品） |
| 技术产品 | iPod电池；CD和DVD；血压测量服务；冷藏食品储藏室；手机充电服务（使用者需要正确地选用手机插头） |
| 礼物 | 鲜花；珠宝；明信片；气球；象鼻虫（儿童礼物）；软弹气枪 |
| 容易被遗忘的物品 | 卫生纸；雨伞；煤油；鱼线；鱼钩；鱼饵 |
| 情趣商店 | 情色作品；内裤；计生用品等 |

## 6. 机器人

在现代社会，家用机器人的市场正在不断扩大。这些机器人能完成人类不愿意做而且单调又耗时的家务，例如打扫卫生和修剪草坪。

虽然家庭助手机型器人是其中一种最受欢迎的类型，但其他机器人也在人类世界中扮演着十分有趣的角色。

太空探索：人类在进入太空、待在太空、离开太空时，要进行任务探索和信息采集工作都是十分危险的。如此一来，太空机器人就可以在空间站的运行和维护上发挥重要作用。不仅如此，它们还能大大减少航天员的舱外活动量——宇航员在舱外活动时会暴露于辐射中，还有可能与外星物体直接发生碰撞，这都是极度危险的工作。

水下作业：水下机器人也用于水下探索任务。水压的生理效应限制了商业潜水员在水下停留的时间，但是潜水机器人却可以在数千英尺的水面下连续作业24小时以上。它们可用于观测海洋、地质取芯、地震学研究，以及海洋情况的调查、分析和取样，还能为石油公司的海上石油作业结构提供服务。

人工智能：机器人技术的下一步是人工智能。它能够成功与人类互动，还能自主执行任务的程序，比如玩象棋游戏、智能回复等。人类可以与这些程序进行打字对话——如果你愿意花时间与它们沟通，你会注意到，它们会滔滔不绝地说出一些复杂的问题，甚至还能够自动驾驶和导航车辆。不过，在人工智能完全媲美人类智能之前，科技还有很长的路要走，所以现在我们只能继续研究和探索了。

## 7.机器人宠物

虽然我们现在还未创造出能与人类智力相媲美的机器人，但是我们可以拥有一个机器人宠物。如今，低成本的机器人宠物和伴侣更像是一件玩具，而不是同类产品的生物替代品。

不过，有些公司在消费型的机器人技术上投入了大量资金。索尼（Sony）的机器狗——AIBO，则是索尼最为得意的作品。它会走路，可以通过摄像头“观察”周围环境，还能识别语音指令，甚至能够根据主人的喜好、环境或其他机器狗的外部刺激来学习和成长。它原是机器人的伴侣，但对于机器人爱好者来说，它只是一个昂贵的玩具而已。

弗比（Furby）和史宾机器人（Robosapien）是当今市面上最亲密的机器人伴侣之一。在机器人宠物方面，弗比可能是最成功的。这个柔软的机器人有着灵活且会表达情感的眼睛，虽然它的词汇量有限，但它的语言能力会随着时间的推移而逐渐提升。如果你喜欢动物，却讨厌频繁换猫砂或对动物皮毛过敏，那么人造宠物可能是你的最佳选择。你可以对它进行编程，让它完全按照你的意愿行事，这样你就可以毫无顾虑地享受它的陪伴，也不必担心自己必须按时回家给它喂食，甚至在你度假时，还要请别人来照顾它——如果它不乖或烦人的话，你只须把它关掉就可以了。

索尼机器狗 AIBO 220。

# 8.未来的交通工具

新型交通工具一直是未来科技的一大梦想，它能让长时间的通勤和交通堵塞问题彻底成为过去，让假日旅行成为一种愉快的体验。这一点，科幻小说中已经有了很多个构想。我们所要做的，就是等待发明家将它们变成现实。

## ✴飞行汽车

飞行汽车可能是未来最受欢迎的交通工具。人类期待飞行汽车已经有很长一段时间了。20世纪60年代，乔治·杰森（George Jetson）的《太空旅行车》出版。从那以后，这类科幻小说便层出不穷：《星球大战》《布莱登纳》《第五元素》等。

自20世纪初以来，美国专利局记录在案的飞行汽车专利达70多项。不过，这些专利中，只有少数成品能被生产出来，生产出来以后真正能飞起来的就更少了——事实上只有两个，即水陆两用汽车和飞行车。它们分别适用于马路和水面飞行。

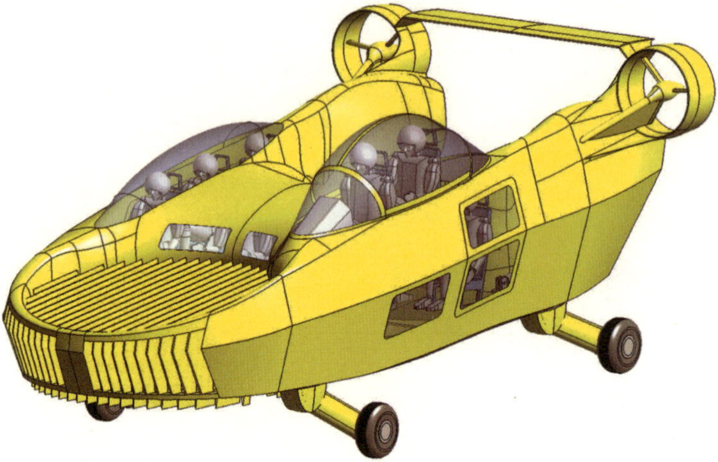

X-hawk，飞行汽车中的一个尝试。

## ✴ 飞行汽车的尝试模型

许多人曾多次试图实现科幻小说中一个个的设想，其中便有一些相对成功的案例。

| 飞行汽车类型 | 介绍 |
|---|---|
| 寇蒂斯自动驾驶仪 | 从未真正飞上天空，但1917年实现了短距离的跳跃 |
| 飞行车 | 1937年研发成功，但由于资金缺乏，项目于1957年搁置 |
| 碟形飞行汽车 | 加拿大和英国军队为了军队训练而设计的一款“会飞的吉普车”，但1961年由于动力和稳定性方面的问题被放弃 |
| 陆空两用汽车 | 这是迄今为止人类最成功的尝试。这是一个固定机翼的飞机汽车混合体。在空中，飞行汽车的航程为800千米，航速为每小时217千米。1949年进行首次飞行，但20世纪60年代以后生意变得很惨淡，然后就停产了 |
| 莫勒M400空中汽车 | 发明者为保罗·莫勒（Paul Moller），据说这是一架垂直起降的飞机，将在几十年内做到小规模生产 |
| X-Hawk | 城市航空公司制造的无旋翼垂直起降飞机，它的定位为城市环境中的飞行器，可用作医疗直升机、出租车或巡逻机 |
| 私人飞行器 | 特拉弗吉亚公司正在开发一种私人飞行器，看起来像是一种带有可伸缩翅膀的运动型多功能车（SUV） |

## ✷ 喷气背包

喷气背包是科幻小说中一种最受欢迎的飞行器，驾驶喷气背包，便能获得无与伦比的驾驶快感。想象一下这种带有喷气式发动机的背包，它可以飞到任何你想去的地方，甚至会让你忽略数百名背着飞行器的人在空中穿梭时带来的潜在危险。

遗憾的是，目前你还不能在当地的商店里买到这种喷气背包。在过去的几十年里，这项技术并没有取得任何重大进展。贝尔航空系统最初的“火箭带”可以将飞行员推入空中约20秒，但是到了20世纪60年代，这个时间只增加了10秒。喷气背包的燃料容量有限，所以最近的研究也遇到了瓶颈。

## ✷ 如何使用你的喷气背包（千万不要在家里尝试）

1. 在飞行者背上的两个罐子里装入大约6加仑（27升）的净化过氧化氢。

2. 推动释放器，加压氮会推动推进剂，让它接触银或铜催化剂。

1965年，肖恩·康纳利（Sean Connery）在《雷霆谷》中饰演的詹姆斯·邦德便背着喷气背包。

3. 过氧化氢会自然分解成水和氧气，产生热能。银或铜等催化剂会加快反应速度，在约1370华氏度（743摄氏度）的温度下，产生过热蒸汽和氧气。

4. 这种气体混合物会产生300磅（140千克）的推力，将飞行者推出去。

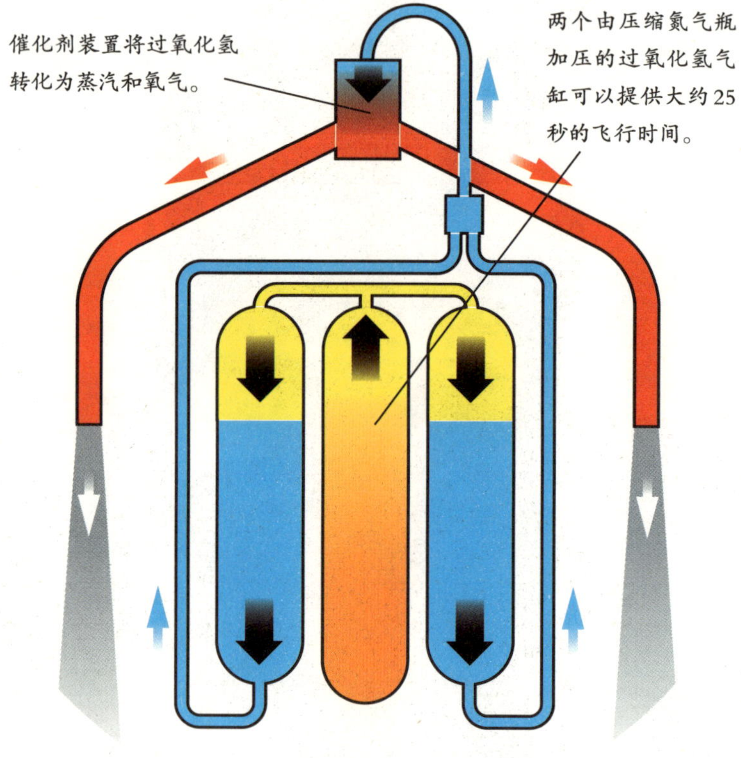


高压蒸汽和氧气喷射可以提供推力。

## 9. 瞬时运输装置

瞬时运输装置可以把你从一个地方运到另一个地方，还不必经过中间的各种阻拦——想象一下，你之前所有在车上浪费的旅行时间都可以节省下来，旅途中的不快和不适也可以免去。

如果有人发明了这种功能性传送装置，实际上人或物体并不会发生物理上的移动，它更像是一台电脑扫描仪——扫描原件，将相关的数据进行传输，并在接收端精确地复制出来。然而这种设想有一个弊端，因为原件将会损坏。如果传输的是火腿、三明治之类的东西，那么原件即使被损坏也无所谓。可如果是你的朋友或家人被克隆和毁灭，那就有点难以接受。

不幸的是，这项技术还没有取得很大进展。不过，科幻小说中并没有放弃对这个设定的构想。1958年，文森特·普莱斯（Vincent Price）的电影《苍蝇》中的科学家在尝试进行传输时，便将自己的DNA和苍蝇的DNA进行了重组；《星际迷航》中的人物模型则更加成功；1994年的电影和随后的电视剧《星际之门》，则是完全以远距离心灵传送为前提的。

道格拉斯·亚当斯（Douglas Adams）在他的《银河系漫游指南》中提到了这个想法，他这样描述道：“还不如踢在头上的一记重击来得有趣。”

**实际情况**

1993年，第一个（合格的）传送器成功诞生了。当时，查尔斯·贝内特（Charles Bennet）带领的IBM研究小组证实，量子隐形传送是可以做到的，前提是原本的物品或人会被摧毁——这就有点难办了。